丛书编委会

大家精要

罗素

翟玉章 著

Russell

陕西师范大学出版总社

图书代号 SK16N1054

图书在版编目(CIP)数据

罗素/翟玉章著. —西安：陕西师范大学出版总社有限公司，2017.1（2024.1重印）

（大家精要）

ISBN 978-7-5613-7664-5

Ⅰ. ①罗… Ⅱ. ①翟… Ⅲ. ①罗素（Russell, Bertrand 1872—1970）— 传记 Ⅳ. ①B561.54

中国版本图书馆CIP数据核字（2016）第320868号

罗　素　LUOSU

翟玉章　著

责任编辑　陈柳冬雪
责任校对　郑若萍
特约编辑　宋亚杰
封面设计　张潇伊
出版发行　陕西师范大学出版总社
（西安市长安南路199号　邮编 710062）
网　　址　http://www.snupg.com
印　　制　永清县晔盛亚胶印有限公司
开　　本　650 mm × 930 mm　1/16
印　　张　10
字　　数　100千
版　　次　2017年1月第1版
印　　次　2024年1月第2次印刷
书　　号　ISBN 978-7-5613-7664-5
定　　价　45.00元

读者购书、书店添货或发现印刷装订问题，请与本公司销售部联系、调换。
电话：（029）85303879　　传真：（029）85307864　85303629

目　录

第 1 章　罗素其人 / 001

“美好的人生是为爱所激励，为知识所指引的人生。”

第 2 章　数学的逻辑化 / 016

“一切数学在最严格和最形式化的意义上都要回到逻辑。”

第 3 章　逻辑的数学化 / 027

“实际的语言都是逻辑上不完善的。而且如果它们要为日常生活服务，便不可能成为逻辑上完善的语言。”

第 4 章　数学真理的性质 / 039

“我终于相信（虽然是很不愿意）数学是由重言式而构成。在默想数学真理的时候，我再也得不到什么神秘的满足之感了。”

第 5 章　哲学的科学化 / 053

“我们不能指望哲学能获得任何高级品牌的知识，并将其作为立足点据以批评全部日常生活的知识。哲学所能做的充其量不过是通过内在的精审细究去考察和纯化我们的普通知识，采纳借以获得普通知识的那些原则，并且更审慎更严谨地应用这些原则。”

第 6 章　事物的逻辑类型 / 064

“存在各种不同阶的殊相、性质和关系，即由不同种类的简单之物所组成的整个分层，但是如果我们正确的话，那么，全部的简单之物以它们各自不同的方式具有某种不属于其他东西的实在。在这个世界上你碰到的唯一其他种类的对象就是我们所谓的事实。”

第 7 章　逻辑原子 / 087

“我称自己的学说为逻辑原子主义的理由，是因为我想在分析中取得的作为最终剩余物的原子并非物质原子，而是逻辑原子。”

第 8 章　“存在”的含义 / 100

“当你取得一个命题函项并且断定它是可能的，即它有时是真的时，这就给予了‘存在’最基本的意义。”

第 9 章　感觉材料和物理对象 / 114

“一个‘事物’可定义为某一系列的现象，即通常会被说成属于这个事物的那些现象。”

第 10 章　分析的方法和价值 / 126

“凡是把没有界说的词汇或无从证明的前提的数目减少，都算是进了一步，因为这样就缩小了可能有的错误的范围，并且为整个系统的真理所出的抵押也少了一些。”

罗素专访 / 141

附录

年谱 / 147

著作全目 / 149

第 1 章

罗素其人

伯特兰·罗素（1872~1970）是20世纪最杰出的哲学家和文化巨匠之一。他参与创立的数理逻辑以及他在哲学中对这项技术的应用，开辟了逻辑和哲学研究的新纪元，使这两门古已有之的传统学问重又焕发出勃勃的生机。罗素的生活又并非一种与世隔绝的学院生活，与其专门的哲学工作相交织、相适应的，还有许多充满波澜和激情的事件。他曾四次结婚，其间还有多次浪漫的恋爱事件；他曾在许多国家旅行、讲学和考察；他曾与许多著名人士有交往；他曾为儿童建立过实验学校；他曾因鼓吹不合时宜的思想而被解职，甚至坐监；他曾为倡导和平和消灭核武器而奔走呼号……所有这些生活经验，都极大地拓展了他的著作的广度和深度；可以这样说，人类经验的每一个侧面都成了他的哲学分析、评论和敏捷之笔所涉及的对象。美国哲学家奎因（1908~2000）曾这样总结罗素的一生：“罗素漫长的一生同时也是波澜壮阔的一生。在这波澜壮阔的生涯的一端，他是一位逻辑技术的改革家，既是数学家的哲学家又是哲学家的数学家。在它的另一端，他是一位社会改革家，倡导家庭变革和性道德的变革，他还与世界的政治领导人有联系，为决定人类帝国的命运而殚精竭虑。”

1872年5月18日，罗素出生于英国的一个贵族家庭。祖父罗素伯爵是著名政治家，在维多利亚女王时代曾两次出任首相。父亲安伯利子爵是一位温和而严肃的自由思想家，但在政治上并不得志。罗素的生活是从悲剧开始的，他2岁时母亲就因白喉而丧生，到3岁时，本来就体弱的父亲也因失去妻子的照顾，身体状况进一步恶化而离开人世。他成了一个孤儿。虽然罗素的父亲对他和哥哥的抚养曾作了安排，但他们的祖父母对儿子的遗愿提出质疑，从而成功地取得了两个孩子监护人的资格。祖父于1878年去世，抚养和教育罗素的重任落在了祖母弗朗西斯夫人的肩上。她虽然有着苏格兰长老会方面的背景，却具有一位论的倾向，罗素便是在这样的精神环境下成长起来的。

罗素在他祖父母的彭布罗克住宅度过了童年，那是一种严格的清教徒式的生活，充满了虔诚、苦行和孤独，这种气氛很难说有利于自由思想。罗素觉得这种孤独是无法忍受的。“每天早上八点全家祈祷。尽管有八个佣人，食物却总如斯巴达那样的简单，并且就是这些食物，如果还算可口的话，也被认为对孩子来说太好了。一年到头都坚持洗冷水澡……我祖母只有在傍晚才允许自己坐扶手椅。烟酒是不受欢迎的，虽然严格的习俗迫使他们也要向客人敬一点酒。只有美德受到称赞，为了美德可以牺牲才智、健康、幸福和一切世俗的利益。”罗素 12 岁生日时，祖母送给他一本《圣经》，并在一空页上题写了一句经文：“勿随众人作恶。”罗素自称他一生都受到这条箴言的影响。童年的生活养成了他孤独、逆反、苦思冥想和特立独行的性格。

由于害怕公立学校的影响，弗朗西斯夫人决定让罗素在家里接受教育。对罗素后来职业生涯至关重要的强烈的哲学沉思，便是从这时开始的。罗素对知识论——哲学的一个重要部门——特别有兴趣，他渴望能发现某些知识是千真万确或确实可靠的，而这种确实可靠的知识，如果在别的地方找不到，在数学里一定可以找到。但接触数学不久他就发现他的信念面临严峻的考验。他后来回忆说：“在我开始学习几何之前，有人告诉我几何可以求证事物，因此当我哥哥说要教我几何时，我感到非常兴奋。我哥哥先教了我定义，这些我毫无困难地接受了。接下来他要教我公理。他说：‘这些是不能被证明的，但得以它们为假设，其他东西才能被证明。’听到这些话后，我的希望破灭了。我曾想，要能发现一些可以得到证明的事物该有多好，可结果却要通过未经证明的假设才能办到。我有点愤慨地望着哥哥，说道：‘如果这些假设不能被证明，我干吗要承认它们?’”尽管罗素的哲学以观点多变而著称，但知识的本性，特别是知识的确实可靠性的问题一直是他关注的焦点之一。

同一时期，他还陷入宗教的烦恼中。“我花了无数时间冥思苦想［宗教信仰］问题。因为怕人感到痛苦，我不敢对任何人诉说我的沉思。我也因逐渐失却信仰而不得不保持缄默而感受到剧烈的痛苦。我想，如果我不再信仰上帝、自由和灵魂不死，我会很不快乐，然后我发现支持这些教条的理由都极不可信。我以极其认真的态度将它们一一细细思考。我最先放弃的是自由意志。15 岁时，我相信物质的运动，不论活的还是死的，都完全遵循着动力学的定律进行，因此意志就不能对身体有任何影响。我时常将我的想法，用希腊字母拼写的英语记在一本‘希腊语练习’的本子里，这样做是唯恐被人发现我正在想什么。在这个本子里，我记下了我的信念：人体是一部机器。大约两年之后，我相信人死之后没有生命，但我仍然相信上帝，因为‘第一原因（造物主）’的论证似乎是无可反驳的。又过了一年，我读到《穆勒自传》，在其中发现了一句话，大意是说，他父亲教他说‘谁造了我’这个问题是不能回答的，因为马上会引出下一个问题‘谁造了上帝’，这样一来我抛弃了‘造物主’的论证而变成一个无神论者。在长期对宗教的怀疑过程中，我因为自己逐渐失掉的信仰而非常不快。但当全部过程结束时，我却惊异地发现，由于全部问题获得了解决，我感到十分愉快。”

18 岁那年，他走出彭布罗克住宅的藩篱，进入剑桥大学攻读数学和哲学。现在他终于可以完全自由地思考了，同时那里的学术氛围也滋养了他的才华。

1892 年，罗素的恋情被来自美国贵格会家庭的艾利斯·皮尔索尔·史密斯所激发，虽然此时他还是个腼腆且有点不够成熟的年轻人。尽管家人反对，但经过据理力争，两人于 1894 年结婚。得惠于继承父亲的大笔遗产，罗素得以从事他所喜欢的任何职业生涯。他的新婚妻子热衷于社会问题和与她的有闲妇女身份有关的特殊事业，罗素则追求满足心智的工作。从 1895 年到世纪之交，罗素考察了德国社会民主党，并写了一本关于德国政治前途的书：《德国社会民主主义》，书中关于德国将走向独裁和战争的预言不久即得到应验。他也写几何学基础、莱布尼兹（德国人，1646～1716）哲学和数理哲学方面的著作。数理哲学领域的工作最终导致他三卷本的皇皇巨著《数学原理》——这是他与他从前的老师阿尔弗雷德·诺思·怀特海（英国人，1861～1947）合著的——于 1910 年至 1913 年出版。在这部书里，他们试图证明被称为逻辑主义的数学哲学思想，即数学可以还原为逻辑，数学的概念都可以用逻辑的概念来定义，数学的真理都可以由逻辑的公理演绎出来。

1901 年南非的布尔战争唤醒了罗素的政治意识。他最初是一个帝国主义者，后来经过反思，他写了一篇题为“一个自由人的崇拜”的文章（一般被认为是罗素写得最好的英语散文），其中明确表示拒绝不义战争。对政治和社会问题的关心促使他于 1907 年竞选议员，他在讲台上主张妇女参政权。但他和他的父亲一样不走运，只得到不到四分之一的选票而被击败，他的政治抱负遇到了挫折。在第一次世界大战阴云密布的日子里，罗素对社会问题更加关注了。面对甚嚣尘上的民族主义战争声浪，对大众心理的浓厚兴趣使他力主和平主义。西方世界中大多数人的心中都充满了破坏性的、乖张的冲动，任何改革方案如果能改善人类的状况，就必须首先通过教育，对普通人的心理结构进行适当的改造，特别要教育人们学会理性的思考、怀疑的态度、合作而不是竞争、善良的情感而不是争斗和偏见。

致力于和平事业也是冒了相当的风险的。罗素的敌人和朋友都嘲笑他；他被剑桥大学解了职，过去的老师背弃了他；英国政府撤回了他的护照，从而阻止他去哈佛大学讲学；当权者普遍对他不够尊重。他的名气不限于支持妇女运动和反征兵运动，他也公开撰文支持负责任的持不同政见者。1918 年，他因为撰写被认为具有颠覆性质的和平主义文章，被判处六个月的刑期。但他无所畏惧，在他的有影响力的朋友的帮助下，他经受了监禁的考验，并且明智地利用了这段时间，写就了《数理哲学导论》和《心的分析》两本书，分别于 1919 年和 1921 年出版。

大战深深地改变了罗素的人生观，也改变了他的著作方向。他不再是个纯学者，而是开始写作新类型的书。他完全改变了对人性的观点，第一次坚信清教徒般的生活准则并不能带来人类的幸福。透过死亡的场面，他对活着的人有了一种新的爱。在这段转向期，他对妻子艾利斯越来越不满意，陆陆续续地有过好几次罗曼史。罗素对他的一位女友说过：“纯洁，我曾努力试过一次，但不会再试。”1919 年，他遇到了多拉·布莱克，她后来成为他的第二任妻子。

1920 年，他应邀随工党代表团访问了苏俄，他热烈地希望看到他曾衷心欢迎的革命所带来的成果。在访问期间，他与苏俄领导人和各阶层人士进行了广泛的接触。他在日记中这样描述他和列宁的会面：“他的房间空荡荡的，只有一张大写字台，两个书架，一张供客人坐的舒适的椅子，墙上挂着几幅地图。仅此而已。我们谈话用的是英语，他的英语相当好。他非常友善，而且很朴实，没有一丝居高自傲的痕迹。他的举止和气质一点也不像是个大权在握的人。他专制、冷静，对一切无所畏惧，不追逐私利，是一个理论的化身。历史唯物主义的观点是他的生命线。从某种意义上讲，他就像是一位教授，急于要大众理解他的理论，并因为被误解或得不到认同而暴怒不已。我有这么一个印象，他看不起大众，是一个智力贵族。他的力量来自于他的诚实、勇敢和坚定不移的信仰，一种对马克思的正统观念的宗教信仰。他和那些遭受罗马皇帝迫害的基督徒一样，在获得权力以后，并不能对自由产生由衷的热爱，相反，回过头来去迫害异教徒。”罗素对新体制大为失望。回到英国后，他又一次顶流而行，发表了对布尔什维克的批评性意见，后来更进一步出版了《布尔什维主义的实践和理论》一书，书中指出苏俄将会蜕变为一个仇视科学和艺术自由的、官僚主义盛行的国家。

他发现自己同时不见容于右边的保守党人和左边的布尔什维克同情者们，于是便从公众视线中隐退，接受了北京大学为期一年（1921）的教职。他在北京发表了五次正式演讲，内容涉及数理逻辑、物的分析、心的分析、哲学问题和社会结构。据说后来成为中共领导人的毛泽东和周恩来都听过他的演讲。北京大学对罗素的兴趣极大，他们甚至成立了一个叫作“罗素学说研究会”的组织，并出版《罗素月刊》。罗素对中国之行的评价是双重的。一方面，他对学术交流很失望：“我的演讲大部分是讲给学生听的，他们热情而又渴望获得知识，但是他们所知不多，缺乏训练，而且很懒，梦想着别人能够把知识灌进他们的大脑，而自己可以毫不费力。”另一方面，他承认中国之行对他后来的人生有重要影响，二十多年后的 1944 年他这样写道：“中国为我做了一件事，它教会了我从一个比较长的时间里考虑问题，不要因为眼前的不顺陷入绝望。在过去二十多年的灰暗日子里，我就是靠着这一习惯才挺过来的。否则我会觉得这个世界难以忍受。”与对苏俄的印象相反，他很看好中国的前途。他写道：“中国凭借它的资源和人口，有能力在世界上成为美国之后最强大的国家。实际上，全世界将被中国的发展深深影响，中国的发展将证明，不论好坏，它都是下两个世纪的决定性因素。”

1927 年，已骄傲地成为两个孩子父亲的罗素，对教育和性道德越来越感兴趣。他的引起争议的观点，是与他对人们在战争期间从斗争和杀戮获得的乐趣的观察紧密联系在一起的。他相信这些特点大多是人们早期的经历和所受教育的结果。只有对教育进行剧烈的改变，才有可能迎来一个和平幸福的世界。在性方面，当然不限于此，不合理的禁忌和不诚实是极端有害的。他认为传统教育要对此负责，因为它的基本做法是束缚创造性的冲动，也不鼓励自由研究的精神。

虽然鼓吹禁欲的道德家们声称被罗素在性和教育方面的观点吓坏了，实际上他的建议并没有走极端，而且他关于性方面的著作也只占他的出版著作中的一小部分。罗素在一次接受采访时说："我必须研究性道德，正如我也研究别的事情一样。我必须指出，如果你正在做的并不危害任何人，就没有理由谴责它。你不能仅仅根据某个古代的禁忌说它错了，就去谴责它。你应该弄清楚它有没有造成危害，这才是性道德的基础，以及所有其他道德的基础。"认为罗素是在"倡导放荡的生活"，这是过于简单化了。相反，他并没有这样的意图。在《婚姻和道德》一书中，他写道："生活中必须有一致性；为达到目标，必须做出持续不断的努力，尽管那些事情不能立即产生利益，并且并非每时每刻都具有吸引力；必须也为他人着想；应当有正确的是非标准。然而，我并不认为自制应当成为目的，我希望我们的制度和道德能把对自制的需要压缩到最大限度。"罗素认为婚前性行为没有什么错，他还认为，多数大学生可以有暂时没有孩子的婚姻关系。把罗素看作婚姻制度的敌人是一个错误，虽然他确曾反对在没有爱的情况下维持婚姻关系。使人们非常震惊的是他下面的观点：持久的婚姻并不必然排斥偶一有之的婚外情。

罗素关于教育的观点在20世纪20年代极具革命性，于是他和妻子多拉决定开办自己的私人学校——比肯山学校（比肯山是学校附近的一个地名）。罗素力图在这所学校中实践他的教育思想。他在给一位家长的信中写道："我们不向孩子灌输任何种类的宗教信条，而只是将世界上的各种宗教当做历史事实，不加褒贬地介绍给他们。在教学过程中，尤其是在我亲自教授的历史和地理课上，都尽量避免鼓吹爱国主义。至于人类之爱的思想，我同样反对明显的说教，因为这种做法只会鼓励伪善或滋生逆反心理。道德品质只有逐步养成，靠说教来移植是不行的。"这些思想那时即使在西方社会也是比较激进的。招致更严厉批评的是他们在性教育方面的做法。在美国流传这样一个故事：有一天，当地的教区负责人来到比肯山学校的大门前，一个一丝不挂的小女孩在那里欢迎他。这位先生大惊失色地喊道："我的上帝啊！"那个女孩把门一关，回他一句："这儿没有上帝。"这当然是纯粹的捏造。但多拉承认，他们允许孩子们"在夏天时脱光衣服，尤其是在户外跳舞或锻炼时"。可是，从效果上讲，这个学校并不成功。事实上，它需要大量的时间和金钱。另外，学校吸收了相当多的问题儿童，罗素在自由和纪律间形成适当平衡的见解，很难实行。罗素于1932年离开学校，它在多拉主持下延续到20世纪40年代，而这时他们的婚姻也完结了。1938年，罗素娶了他的第三任妻子帕特里夏·斯彭斯，她曾是这所学校的老师。

罗素关于性道德和宗教的观点，在1940年纽约城市学院案中，成了突出的特点。当罗素还在洛杉矶的加利福尼亚大学任教时，纽约高等教育委员会一致邀请他加盟城市学院，讲授逻辑和数学的研究生课程。这项任命旨在提升该校的名气，因为这时的罗素已经成为在这些高深领域内的国际上享有盛名的学者和演讲者。不久，圣公会的曼宁主教便在纽约的报纸上发动了一场反对对罗素的任命的抗议，他宣称“罗素是一位人所共知的反宗教和反道德的吹鼓手，他还明确地为通奸辩护”。一位名叫吉恩·凯的女纳税人——其女即将就读于城市学院——向纽约最高法院提交了诉状，要求取消对罗素的任命。

在审判中，罗素的书被扣上了“淫荡、狎邪、好色、贪欲、热衷房事、色情狂、挑逗情欲、无神论、不虔诚、心胸狭隘、固执己见、谎话连篇……丧失道德”等一长串的帽子。罗素还被指控写有狎邪内容的诗篇，在英国领导过一个裸体集团，对同性恋表示同情。法官是一位罗马天主教徒，他宣布了历史性的判决：基于下面三项理由，对罗素的任命是无效的：(1）罗素不是美国人；(2）他没有参加逻辑和数学方面的竞争性考试；(3）他的著作是不道德的，而且充满淫秽的内容。这项判决使罗素很难再在美国找到教职，他的经济状况也一度变得很拮据。

第二次世界大战结束后，罗素越来越得到英国统治集团的尊重，这在很大程度上是因为罗素对共产主义的谴责与正在酝酿中的东西方冷战的气氛相契合的缘故。1949年他被授予功绩勋章，这在英国是对平民的最高荣誉。罗素回忆说：“我必须到白金汉宫去接受正式授勋。国王（乔治六世）和蔼可亲，但他对于自己不得不彬彬有礼地对待这样一个古怪的人，而且还曾是个犯人，多少有点尴尬。他说：‘你有时候的那种做法，如果被普遍采用，那是不行的。’我当时真想脱口而出：‘像你的哥哥［那位不爱江山爱美人的爱德华八世］。’还好，我忍住了，但又觉得不能冷场，于是便回答说：‘一个人应该怎么做，这取决于他的职业。比方说，一个邮递员就应当敲街上所有他有信要送的人家的门，但如果别的什么人敲起所有那些人家的门，他就会被认为是个为公众所厌恶的人。’国王避而不答，突然用别的话题岔开去。”

次年，他又获诺贝尔文学奖，表彰他的“哲学著作……对道德文明所作的贡献”。获奖作品包括他的那本引起争议的《婚姻和道德》一书。应该说，这时他的声望已经达到顶点。“我真的开始感到有点不安，担心这可能意味着盲目正统观念的开始产生。我一向认为没有一个人能够不邪恶而成为有名望的人，但我的道德感却非常愚钝，以至看不出自己有什么罪恶。”但耐人寻味的是，十年前纽约城市学院案中的宣判法官、检察官和吉恩·凯女士对此都表示了沉默。

1945 年广岛和长崎遭到原子弹的轰炸，迫使罗素大声疾呼核战争的危险。进入 20 世纪 50 年代后，罗素继续致力于宣传核武器的内在危险性。1954 年 12 月 23 日，他发表了题为“人类的危险”的广播讲话。他在讲话的结尾说：“我希望人们暂时忘却他们之间的争吵，这样他们就会认识到，为了对立双方的生存计，对过去的胜利的期待，有充分的理由让位于对未来的胜利的期待。如果我们选择，我们的面前将是一个幸福、知识和智慧方面持续不断地进步的未来；难道我们会因为我们无法忘却我们的争吵而选择死亡？我作为人类的一员，向全人类呼吁：记住你的慈爱，忘掉其他一切。如果你们能这样做，那么就有路通向新的天堂；如果你们做不到，那么在你们面前只有玉石俱焚的死亡。”演讲获得极大成功，这为他后来与著名物理学家阿尔伯特·爱因斯坦合作起草著名的《爱因斯坦—罗素宣言》铺平了道路；这份有许多有名的科学家签字的文件交给了世界各国领导人，旨在为禁止核扩散带来希望。

在以后的有生之年里，罗素在核武器辩论中表现活跃。他发起了帕格沃什运动，这个运动聚集了世界领先级的科学家，由他们向本国政府提出避免核灾难的公正方法。1958 年他被选为核裁军运动的主席，1962 年 10 月罗素对古巴导弹危机的和平解决发挥了作用。这次，罗素的努力和影响，对苏联领导人赫鲁晓夫的同意妥协起了相当大的作用。11 月 10 日，一支由清一色的男孩子组成的游行队伍举着上面写有“感谢伯蒂，我们仍旧健在”的旗帜，从村庄出发，走向罗素住处后面的田野。接下来，到处都有人在讲话、演说，人们对罗素的衷心的爱戴之情溢于言表。有很多人可能不喜欢甚至仇视罗素对苏联和古巴的偏袒态度，但几乎没有人能够拒不承认自己对于这样一位精力充沛、战斗不止的老人（时年 90 岁）的敬慕和喜爱之心。

20世纪60年代中后期，罗素是最早引起公众对越南的国际干预持怀疑态度的人士之一，这种怀疑在他的《发生在越南的战争罪行》（1968）一书中达到高潮。罗素认为，美国人没有任何正当的理由干预越南的内部事务，他们只是在谋求自己的私利，从事帝国主义的扩张，其危险性与俄国人一样。他对公众事务的热情在他九十高龄后仍没有减退。1970年1月31日下午，罗素为在开罗召开的国际议员大会口授了一份书面发言，谴责以色列对埃及的轰炸，指出“诉诸过去的恐怖为现在的恐怖开脱，是一种十足的虚伪”。从字里行间人们可以看到这仍是一个敏捷性不减当年的罗素。

两天后，即1970年2月2日上午，罗素病倒了，躺在了床上。一小时后他走了。根据他的遗愿，葬礼上没有举行宗教仪式。

在《罗素自传》的序言“我为什么而活”里，罗素这样总结自己的一生：

> 三种单纯然而极其强烈的激情支配着我的一生，那就是对于爱情的渴望，对于知识的追求，以及对于人类苦难痛彻肺腑的怜悯。这些激情犹如狂风，把我在伸展到绝望边缘的深深的苦海上东抛西掷，使我的生活没有定向。
>
> 我追求爱情，首先因为它叫我销魂，爱情令人销魂的魅力使我常常乐意为了几小时这样的快乐而牺牲生活中的其他一切。我追求爱情，又因为它能减轻孤

独感——那种一个颤抖的灵魂望着世界边缘之外冰冷而无生命的无底深渊时所感到的可怕的孤独。我追求爱情，还因为爱的结合使我在一种神秘的缩影中提前看到了圣者和诗人曾经想象过的天堂。这就是我所追求的，尽管人的生活似乎还不配享有它，但它毕竟是我终于找到的东西。

我以同样的激情追求知识。我想理解人类的心灵。我想了解星辰为何灿烂。我还试图弄懂毕达哥拉斯学派关于数是高居于感性流变之上的永恒力量的学说。我在这方面略有成就，但不多。

爱情和知识只要存在，总是向上导往天堂。但是，怜悯又总是把我带回人间。痛苦的呼喊在我心中反响、回荡。孩子们受饥荒煎熬，无辜者被压迫者折磨，孤弱无助的老人在自己的儿子眼中变成了可恶的累赘，以及世上触目皆是的孤独、贫困和痛苦——这些都是对人类应该过的生活的嘲弄。我渴望能减少罪恶，可我做不到，于是我也感到痛苦。

这就是我的一生。我觉得这一生是值得活的。如果真有可能再给我一次机会，我将欣然重活一次。

以上简单介绍了罗素的一生，旨在让读者对罗素其人获得一个较为感性的了解。但是罗素的最大成就仍是在逻辑和哲学领域，这是他取得的那种鼎鼎大名的最基本的也是最重要的来源。

第 2 章

数学的逻辑化

罗素从小就对数学感兴趣，但那是一种哲学式的兴趣、寻根究底式的兴趣。他接触几何时，只有 11 岁。但那时他就对几何公理的地位产生了怀疑。公理被认为自身无须证明，而为证明其他东西所必需的东西。但罗素要问：公理为什么无须证明？如果公理无须证明，我们凭什么要接受它们？后来在接受了专门的数学训练后，他才认识到他所提的问题的幼稚。证明或推理总要从前提出发。虽然我们有时可以将前提从更原始的前提推导出来，但总会到达无法向前回溯的前提，即无法再给予证明的东西。此外，他对定义和证明这两者作了区别。定义是用其他概念（定义项）解释某个概念（被定义项），比如我们可以用“父亲”和“弟弟”来定义“叔叔”：叔叔就是父亲的弟弟；又比如，我们可以用“未婚”“男人”定义“单身汉”：单身汉就是未婚的男人。而证明是指用被接受的语句

（前提）推导出某个语句（结论）。比如，我们可以从“所有人都是要死的”“苏格拉底是人”这两个前提推导出下面的结论：“苏格拉底是要死的。”由于这种区别，他对数学的寻根究底分了岔。一方面，他希望把数学的概念还原为更基本的概念，即用更基本的概念来定义数学中的全部概念；另一方面，他希望把数学定律还原为更基本的公理，即用更基本的公理来证明数学中的全部定律（包括公理）。这两种还原在性质上是有区别的，可以分别称为概念的还原和学说的还原。简而言之，罗素的兴趣在于数学的基础，而不在于数学的应用。

关于数学基础的研究，在罗素以前已经取得了很大进展。很早以前就有人猜测，所有传统的纯粹数学或许都能从自然数推导出来。下一个步骤是将这理论本身归约到最小一组前提和未定义的概念，而这理论即从它们演绎出来。这件工作由皮亚诺（意大利人，1858～1932）所完成。他证明：除加上一些纯逻辑的词项和语句外，整个自然数的理论能够从三个基本词项（0、数、后继）和五个基本语句演绎得出。皮亚诺的工作是数学基础研究领域内的一个里程碑，它标志着数学的算术化这一目标已经得到了实现。1900 年，罗素出席在巴黎召开的第一届国际数学大会。会中他得以认识皮亚诺并了解了他的工作，罗素后来将这一年视为他智力生活中“最重要的一年”。不妨说，此时的罗素在数学方面的学养已经处于和巨人比肩的地位。

但罗素不满足于此，他想借着巨人的肩膀继续攀登。在他看来，数学的算术化的目标既然已经实现，那么下一个目标自然就是算术的逻辑化，即把算术完完全全地还原为逻辑。皮亚诺的数学观可以称为算术主义，罗素的数学观则是逻辑主义。在20世纪前十几年的时间里，罗素在学术方面的最主要的工作就是促成这个逻辑主义目标的实现，最终成果体现在他和他从前的老师怀特海合著的《数学原理》一书里。值得一提的是，在罗素的工作之前，有一个德国数学家叫弗雷格（1848~1925）的，已经在做着同样一件工作，只是他的工作没有受到重视。但罗素的工作基本上是独立于弗雷格的，而且正是因为罗素的提请，人们才注意到了弗雷格的工作。所以，说弗雷格、罗素和怀特海共同促成了算术的逻辑化，看来是公允的。

我们前面谈过两种还原，即概念的还原和学说的还原。那么结合逻辑主义的目标，罗素便是要表明，一方面，数学的概念可以还原为逻辑的概念（概念的还原）；另一方面，数学的定律可以还原为逻辑的公理（学说的还原）。这两种还原都是非常专门化和技术化的工作，外行人很难领教。但罗素在1919年写了一本通俗的读物，名为《数理哲学导论》，旨在将他的研究成果“在一种既不需要数学知识，也不需要运用数学符号的能力的形式中简单地叙述出来”，以满足对此感兴趣的一般读者。下面我们着重介绍罗素对数（自然数）的定义。这个定义，我相信，会引起一般读者的兴趣的，因为一方面它是上述的逻辑主义纲领的重要组成部分，另一方面它也提供了一个范例，表明一些曾经在哲学上难解的问题是如何通过科学的、细心的努力而获得进展的。

在弗雷格、罗素和怀特海之前的好多哲学家都认为数是事物的性质。他们陷入了一个无法解决的困境，因为算作一个的东西，也一样可以算作多个。请以这样一个问题为例："英国有多少足球俱乐部?"在回答这个问题的时候，你把每一个俱乐部当作1，但是你也一样可以问："某某足球俱乐部有多少会员?"那样，你就把这个俱乐部当作多了。假定甲先生是某个俱乐部的一个会员，那么你显然是把他当成了1，但当你问："甲先生是由多少分子组成的?"你便是把他当成了多。哲学史上著名的关于一与多的哲学思辨便是来自于这样一些看上去明显的自相矛盾。多数哲学家对此感到不安，但对解决矛盾一筹莫展。少数哲学家如黑格尔（德国人，1770~1831）等人，他们则声称，一与多的矛盾是事物固有的矛盾。但这种态度是恶劣的，实际上是放弃了解决矛盾的任何努力。

解决这个问题的关键是对数的逻辑地位的正确认识。由于把数当成事物的性质会造成自相矛盾，因此就不能把数当成事物的性质，这一点对于懂得反证法或归谬法这一证明技巧的人是显而易见的。如果你从某个前提出发导致了自相矛盾的结论，那么前提一定是错了。这里的前提是"数是事物的性质"，结论是"任何事物既是一又是多"，因此根据归谬法，数一定不是事物的性质。

下一个问题是：既然数不是事物的性质，那么数是什么东西的性质呢？罗素的回答是：数是若干事物组成的类的性质。这样一来，上面的矛盾就消失了。如果我们说某个足球俱乐部有100个会员，这个说法的真实含义是：由这个足球俱乐部的所有会员所组成的类具有100这个性质。只有在说这个俱乐部既具有1又具有100这个性质时，才会自相矛盾。但现在根据罗素的解释，1和100是两个不同的东西的性质，1是只包含这个俱乐部为唯一成分的类的性质，100是由这个俱乐部所有成员所形成的类的性质，而只包含这个俱乐部为唯一成分的类和由这个俱乐部所有成员所形成的类并不是同一个东西，而是两个不同的东西，这里并没有丝毫自相矛盾的地方。

到现在为止，我们已经明确的是：数不是事物的性质，而是事物组成的类的性质。那么数是类的一种什么样的性质呢？让我们从具体的数，比如3谈起。很明显的是，任何只包含3个成员的类都将具有3这个性质，任何其成员多于或少于3的类都不具有3这个性质。因此，我们不妨把3定义为所有只包含3个成员的类的类。但显然，这作为3的定义是不行的，因为定义项里包含"3"这个词。所以为了使定义可行，我们先要定义"恰好包含3个成员的类"是什么意思。显然，这个类有成员x、y、z，且x、y、z互不相等；如果u是这个类的一项，u必定是x、y、z中的一个。分号前面说明"这个类包含3个元素"，分号后面说明"恰好"。因此，这样一来：

3就是这样一个类，这个类是由符合下面条件的类形成的，其中每一个类都有x、y、z这几个元素，且x、y、z互不相等；如果u是这个类的一个元素，u必定或者等于x，或者等于y，或者等于z。

这个定义中没有上面指出的毛病，因为定义项里不再包含“3”这个有待定义的词。

以下是对0、1、2这几个数的定义：

0就是这样一个类，这个类是由符合下面条件的类形成的，其中每一个类都是空集，即不包含任何分子。(或者：0是空集的类。请注意空集的类本身并不是空集，因为它包含空集为其元素。又因为任何空集都是相等的，所以0实际上只包含唯一的一个元素，即空集。)

1就是这样一个类，这个类是由符合下面条件的类形成的，其中每一个类都有元素x；如果u是这个类的一个元素，u必定等于x。(或者：1是单元集的类。注意，一个事物和由这个事物为唯一元素的单元集是不同的。)

2就是这样一个类，这个类是由符合下面条件的类形成的，其中每一个类都有x、y这几个元素，且x、y不相等；如果u是这个类的一个元素，u必定或者等于x，或者等于y。(或者：2是对子的类。)

有读者可能提出疑问，以上的定义并不符合我们对数的直觉。比如，我们会觉得空集的类和0不是一回事。这种奇怪的感觉是自然的。因为从日常生活的角度看，0对于我们要比空集和类熟悉得多，也是更简单的概念。我们会觉得像0这样简单不过的概念是无须还原的，还原是一种不必要的复杂。这里我们要区分直觉上简单的东西和逻辑上简单的东西。0在直觉上是更简单的东西，但空集和类却是逻辑上更简单的东西，因为我们可以用这些更简单的东西将0构造出来。这当然不是否定直觉上简单的东西的价值，直觉上简单的东西是我们评价任何还原是否适当的试金石。上述定义意义明确，并且凡是我们期望于数0的一切性质，空集的类也完全具备。因此，将0等价于空集的类看来是适当的。这里还要指出一点，当我们对直觉上简单的东西进行逻辑构造时，并不是只有一种方式。比如对于0，罗素是将它等价于空集的类，但也有逻辑学家将它等价于空集本身，而这在他们的系统里也保持了0的一切性质，所以也是适当的。

回到数的定义上来。用上面的方法，我们可以定义任何一个具体的数。但这仍不是数本身的定义。因为数有无穷多个，因此用一一定义的方法是永远定义不完的。但上面关于具体的数的定义，在我们定义一般的数时，仍能给我们一些启发。比如拿数1来说吧。如果世界上的事物是有限多的，那么对应于它们的单元集也是有限多的，因此我们只需把这些单元集列举出来，然后放在一起形成一个类，这就完成了对“1”的定义。但这个方法是不行的，我们不知道世界上的事物是不是有限多。如果有无限多的事物，那么这种列举单元集的方法从理论上就行不通。即使世界上的事物并不是无限多，那它们的数目也是很大的，也许有一亿的一亿次方之多吧，这样虽然列举从理论上可行，在实践上也行不通。因此，当我们说1是类时，并没有把这个类的元素一一列举出来，而是对这个类进行了描述，即指出这个类的所有元素的独一无二的特点，更具体地说，我们说这个类里的每一个元素都是单元集。这种和列举法不同的指定类的方式，叫作描述法。相比于列举法来说，描述法是用得更多的。我们谈到的许多类都是用描述法指定的。我们无法列举所有的人，做成人的类。甚至我们都无法列举我们所在单位的所有人，做成所在单位所有人的类；如果单位的人太多，或者如果我们不能认识单位所有的人，就会发生这种情况。但我们确实知道这两个类，我们对它们的了解根据的就是描述，即知道它们的组成元素的独一无二的特点，或元素资格。第一个类的元素资格是人，第二个类的元素资格是我们所在单位的人。

现在我们把这个描述法用于定义数。我们不再一一列举每个数（因为那是不可能做到的），而是指出数的元素资格。这个特点，我们可以通过对前面关于具体数的定义的仔细观察看出来。在此我们先解释一个重要概念：一一对应。对于任何两个类，如果其中一个类中的一个元素 x 对于另一个类中的一个元素 y 有某种关系，同时没有别的元素对 y 有这种关系，x 对于另一个类中除 y 以外的元素也没有同样的关系，则我们说这两个类的元素间存在着一一对应的关系，而这两个类因为它们的元素间存在着一一对应的关系而被说成是相似的。对于任何两个类，如果它们的元素能形成一一对应的关系，从而成为相似的类，那么这两个类就具有相同的数目。这听上去有点深奥，但其实就存在于我们极为寻常的计数实践中。要是有人让你数一下教室里有多少人，你数了一下，报告说是 9。这就涉及两个类之间的一一对应关系。其中一个类是教室里的所有人形成的类，另一个类是由 1 到 9 的数字所形成的类。你指着张三，口里数着 1，这便是将张三和 1 对应，你不会同时再将张三和别的数配对，也不会用张三以外的人和 1 配对；你又指着李四，口里数着 2，这便是将李四和 2 对应，你不会同时再将李四和别的数配对，也不会用李四以外的人和 2 配对，如此等等。由于你在这两个类的元素中建立了一一对应关系，所以你便知道这两个类具有相同的数目。从上面关于具体数的定义中可以看出，任何一个数的两个元素（这两个元素本身是类）的元素之间是相似的，因为这两个元素的元素之间可以建立起一一对应的关系；而一个数的一个元素和另一个数的一个元素并不相似，因为这两个元素的元素之间无法建立一一对应的关系。因此说某个类的类是一个数的充分必要条件是其中作为元素的任何两个类都相似。于是我们有下面的定义：

数是一个类的类，其中任何两个元素都彼此相似，但不与其外的任何元素相似。

至此，皮亚诺的数学系统中的两个基本概念 0 和数已经得到了定义。但这对于罗素的数学逻辑主义纲领只是开了一个头。我们也根本没有涉及学说还原的部分。我们的目的也只是让读者对罗素的工作有个大概的印象，有兴趣的读者可以进一步读他的《数理哲学导论》一书。

现在我们要谈谈逻辑主义的成败。罗素和其他逻辑主义者声称他们已经成功地将数学还原为逻辑了。但反对者声称，他们的目标并没有实现，因为在他们的还原工作中，除了使用公认的逻辑概念外，他们还使用了“类”这个概念。初看上去，这只是一个字面上的问题。如果把“类”算作逻辑概念，逻辑主义者确实是将数学还原为逻辑了；如果不把“类”算作逻辑概念，那么逻辑主义的目标就并没有实现。但更加实质性的问题是，支配“类”这个词的用法的那些公理能不能算作逻辑的公理，这个问题后面的章节专门讨论。综上所述，可以看出集合论与逻辑的亲缘性远低于与自然科学的亲缘性，把集合论算作逻辑不太能通得过去。

罗素倡导的逻辑主义是失败了，但我们有必要弄清楚逻辑主义和还原论的关系。逻辑主义包含还原论，因为逻辑主义就是企图将数学还原为逻辑。但还原论在数学中的应用并不必然导致逻辑主义，因为逻辑主义只是还原论的各种可能结果中的一种。将还原论用于数学的真正目的是要寻求数学的更基本更简洁的基础，从这个意义上看，罗素的工作仍是成功的，因为他确实将数学还原了，只是没有完全还原为逻辑，而是还原为逻辑和集合论。

事实上，由笛卡儿（法国人，1596~1650）第一次明确提出的还原论的方法在现代科学的兴起和发展过程中起了核心的作用。还原论是任何基础研究的特色。牛顿将伽利略的地面物体的运动定律和开普勒的天上物体的运动定律还原为他自己的万有引力定律，他成功了。爱因斯坦企图将万有引力、电磁力、强相互作用和弱相互作用纳入他的统一场论中，他失败了。但成功和失败只是相对于特定的还原目标的成功和失败，而不是还原论本身的失败。只要科学在向前发展，便不可避免地要运用向前回溯的方法，即分析的方法或还原的方法，寻求对已有理论的更深刻的解释，即寻找更加普遍的理论，并将已有理论从这个更加普遍的理论中推导出来。即使在具体的还原目标失败的地方，这种失败也会让我们对解释者（比如逻辑主义还原方案中的逻辑）和被解释者（比如逻辑主义还原方案中的数学）之间的关系产生更深刻的洞见。贝纳塞拉夫和普特南在他们主编的《数学哲学》一书中，曾对逻辑主义有过一段中肯的评价："然而不应该忘记，如果说今天逻辑和数学之间的界线究竟划在哪里似乎有些任意，那么这本身就是弗雷格、罗素和怀特海的胜利，因为在他们的工作之前，这两门学科之间的鸿沟似乎是绝对的。"

第 3 章

逻辑的数学化

罗素在科学上的最大贡献是在逻辑领域。他和其他人一道创立了数理逻辑。那么，数理逻辑对逻辑的贡献在什么地方呢？

大家一定知道，逻辑是关于推理的学问。大家一定还知道，逻辑这门科学是古希腊的亚里士多德（公元前 384～公元前 322）创立的。正是通过亚里士多德，人们才首次认识到，在所有的推理中，唯有形式才是本质的。当说“苏格拉底是人，人皆有死，故苏格拉底也有死”的时候，这个推理之正确是由于它的前提和结论之间的形式结构，而不是由于其中出现的特殊的项。我们所断定的只是前提蕴含结论而不是前提和结论实际上真。如果用“神舟”五号代替苏格拉底，“永动机”代替“人”，“动物”代替“有死”，那么会得到：“‘神舟’五号是永动机，永动机是动物，故‘神舟’五号是动物。”虽然在这个推理中每一个前提和结论都不真，但这个推理仍然是成立的。这两个推理之所以成立，不在于其前提实际上是不是真的，而在于前提和结论之间的蕴含关系：在前提为真的情况下结论必然是真的，不可能出现前提真而结论假的情况。上面的两个推理只是下面这个纯粹的推理形式的例子："如果某个东西具有某种性质，而凡具有这种性质的东西都具有另一种性质，那么这个东西也具有另一种性质。"这个语句没有提到任何具体的事物和性质，而是一条普遍的逻辑规律，适用于任何具体的事物和性质。同一律、矛盾律和排中律也是这样的普遍规律。亚里士多德通过对推理中语句之间的形式关系的研究而踏出了导向逻辑科学化的决定性的一步。由于和推理真正有关系的只是语句的形式而不是语句的内容，逻辑才被恰当地称作"形式逻辑"。

亚里士多德的贡献在于注意到语句形式分析的重要性，他的不足之处也在这里，他对语句形式的分析还远远不充分，所以距离建立一个完备的逻辑体系的目标还远得很。逻辑在亚里士多德所留下的基础上走向精确和完备，是直到他死后两千年才开始的。这里的关键是在逻辑研究中引入了数学的方法。德国哲学家莱布尼兹是第一个尝试者。他认为，人类大部分的争论都是由于语言问题而导致的。他给出的解决方案是，设计一种如数学一般精准的语言（他称为普遍语言），当人们有了分歧的时候，不要再用日常语言争个脸红脖子粗的，而是大家心平气和地坐下来，用"普遍语言"如算数学题一般地算一算，自然就知道问题到底出在哪里了。如果莱布尼兹能使用他发明微积分那样的精力和天才从事他的“普遍语言”的研究，那一定会使数理逻辑得以提早诞生。可惜他的工作终于还是零碎的，并且不为当时人知道。逻辑的数学化的第一批收获是在19世纪中叶，布尔（英国人，1815~1864）和德摩根（英国人，1803~1871）那样的数学家着手用一种类似数学标记法的符号语言来阐述逻辑原理的时候。从此，逻辑科学进入符号化的时代。

符号标记法不但在逻辑科学中有价值，而且在任何领域内都是有价值的，因为它使我们的思维更加精确、更加清楚、更加系统。假设有人问你：“如果张三比现在小5岁，那么他的岁数比李四6年前的年龄大1倍；如果张三比现在大9岁，那么他的岁数为李四的年龄减4岁的3倍。”当你在脑子里用加法和减法并考虑这些“如果”来解释这个算题，你马上就会像乘坐旋转木马那样头昏目眩起来。然后你拿起纸和笔，把张三的年龄称作x，把李四的年龄称作y，列出两个方程式，用你在中学里学会的方法把这些方程式解答出来。这时，你就会知道符号标记技术的好处了。在逻辑中也有与此类似的问题。“克列奥帕特拉生活在1938年，而且并未与希特勒亦未与墨索里尼结婚，这当然不是事实。”这句话意味着什么呢？数理逻辑学家会告诉你怎样用符号把它写出来。他们用“p”表示“克里奥帕特拉生活在1938年”，“q”表示“克里奥帕特拉与希特勒结婚”，“r”表示“克里奥帕特拉与墨索里尼结婚”，这样上面那个句子就符号化了："并不是［p而且（并不是q而且并不是r）］"。然后他们再用类似于数学上解方程的办法对它进行变换，首先变换为"并不是p或者并不是（并不是q而且并不是r）"，再变换为"并不是p或（q或者r）"，再变换为"如果p，那么（q或者r）"，再将最后变换的结果翻译成通常的语言便是："如果克列奥帕特拉生活在1938年，她会跟希特勒或墨索里尼结婚的。"我们中的大多数人，如果不借助符号，大概会很难看出变换前的句子和变换后的句子具有同样的意义。这就是符号化的功用，它会让我们的思维过程井井有条，环环相扣。如果我们考虑到好多自然科学，像物理学、化学、天文学等，早就数学化了，我们只能叹惜逻辑的数学化来得太迟了。(赖欣巴赫：《科学哲学的兴起》）

读到这里，读者一定能了解到数学的逻辑化和逻辑的数学化两者之间的不同。数学的逻辑化是指一种还原，即将数学还原为逻辑；而逻辑的数学化，和其他任何学科的数学化一样，是指将数学的那种符号化、精确化的研究方法引入这门学科之中，目的是要将这门学科做成一个公理化的系统，但并不涉及将作为初始前提的概念和公理还原为数学概念和公理的问题。

布尔和德摩根以后，皮亚诺、皮尔斯（美国人，1839～1914)、施罗德（德国人，1841～1902）等人继续用数学的方法研究逻辑，并在弗雷格、罗素的工作中达到了一个顶峰。在我们这本书里，我们不拟详论这种高度技术化的工作的细节。我们将只列举他们的一两项成就，并指出这些成就用于哲学时所产生的后果。

传统逻辑的最大不足是对语句形式的研究很不充分。它认为最简单的语句只有一种形式，即断定某个事物具有某个性质这样的形式。所有其他的语句都可归为这种语句的复合。举一个属于这种形式的例句：苏格拉底是哲学家，这个句子便是把哲学家这个性质归于苏格拉底这个事物。但是明显地，有些语句并不具有这样的形式，这就是关系语句。如果我们说“这个东西比那个大”，我们就不是单单指此物的一个性质，而是指此物和彼物的关系。传统逻辑只认可语句的一种简单形式，因此便不能承认关系的实在性。它主张：关系语句一定可以被还原为一个主谓语句或几个主谓语句的复合，从而一切关系都一定能归结为关系项的性质。这种观点被称作“内在关系说”。由于不能将简单语句的范围扩大，涉及关系的推论便不能得到处理。比如，“因为亚伯拉罕是以撒之父，所以以撒是亚伯拉罕之子”这个推理一望而知是个有效的推理，但传统逻辑并不能从形式上说明这个推理的有效性。

罗素指出，无论如何并不是所有关系都可以还原为关系项的性质的。让我们首先从对称性的角度对关系进行分类。当一种关系适用于A和B之间时，也适用于B和A之间，这种关系便是对称关系。相等就是一种对称关系，因为如果A和B相等，那么B也和A相等。不相等也是对称关系，此外，相似、不相似、兄弟姐妹等也是对称关系。所有不是对称的关系，都叫作非对称关系。非对称关系中有一种和对称关系正相反的关系，叫反对称关系。这种关系如果适用于 A 和 B，就绝不适用于 B 和 A。大小关系便是这样一种关系。如果 A 大于 B，那么 B 就绝不可能大于 A。此外，高矮、左右、长短、丈夫、父亲等等都是反对称关系。

罗素对主谓逻辑的攻击主要集中在反对称关系上，他认为这种关系是不能归为关系项的性质的。他以大小关系作出说明。当我们只知道 A 不等于 B，而不知道哪个较大时，我们可以说，这种不相等是由于它们具有不同的大小，因为不相等是一种对称的关系。这样“A（在大小上）不等于 B”这个关系句可以勉强化归为“A 和 B 具有不同的大小”这样的主谓句。但是当 A 不仅不等于 B，而且大于 B 时，如果我们仍只满足于说它们具有不同的大小，那就不能说明事实了。因为，如果 B 大于 A，它们的大小也是不同的。因此只满足于说它们具有不同的大小无法说明 A 大于 B 和 B 大于 A 两者之间的区别。大小不同并不是有关问题的全部。如果是这样的话，A 大于 B 和 B 大于 A 就不会有差别了。在 A 大于 B 的情形下，我们必须说：A 的大小大于 B 的大小，而这样，我们就不能免除“大于”的关系了。如果说对称关系还可以勉强化归为性质的话，那么反对称关系却无法用性质加以说明。这就是罗素的“外在关系说”：反对称关系并不内在于关系项，而是外在的。

主谓逻辑观不但妨碍推理形式的研究，而且也有哲学上的危害。“陈述两个事物具有某种关系的命题与主谓命题具有不同的形式，看不到这种区别或者不承认这种区别，一直是传统形而上学中许多谬误的根源。”罗素指出，主谓逻辑和内在关系说导致了一元论的世界观。一元论者认为，世界归根到底只有一个事物，因为如果世界有一个以上的事物，便会产生这多个事物之间的关系的问题，而关系归根到底是不实在的，因此，多个事物只能是幻觉，真实存在的只有一个事物。对于这唯一的事物，不同的哲学家有不同的称呼，巴门尼德（古希腊，约公元前570~公元前480）叫作“存在”或“一”，斯宾诺莎（荷兰人，1632~1677）叫作“神”或“自然”，黑格尔叫作“绝对理念”。在罗素看来，随着主谓逻辑的不足被发现，这样一种世界观也就破产了。他写道：“一旦承认了关系的实在性，假定感性世界［这是一个充满了反对称关系的世界］为幻觉的一切逻辑根据便都消失了。要假定感性世界为幻觉，那就必须坦率地单纯地以毫无根据的神秘的天启为根据。凡是宣布为天启的东西，只要它没提出为自己辩护的理论上的理由，那就不可能提出理论上的理由反驳它。因此，作为逻辑学家，我们可以承认这种神秘世界存在的可能性，不过，在我们还没有得到它的直观的时候，我们必须继续研究我们所熟悉的日常世界。但是，一旦他们硬说我们的世界是不可能的，我们的逻辑就准备随时打退它的进攻。”

罗素本人是个多元论者，“世界是由具有许多性质和关系的许多事物组成的”，但其根据并不是逻辑上的，而是常识上的。逻辑本身并不能证明世界到底是只有一个事物，还是有多个事物，抑或只是一场虚无的梦。但他确实是因为认清了黑格尔的绝对理念那种暗无天日的世界观所由以建立的逻辑的错误，而回归到常识的世界观的。他事后这样描述挣脱后的感觉："我感到……好像是从一间暖房中逃了出来，冲向一片轻风吹拂的高地……初次感受到获得自由的喜悦，我变成了一个朴素的实在论者，一想到草真是绿的，石头真是硬的，雪真是冷的，就欣喜若狂，尽管自洛克（英国人，1632~1704）以来所有哲学家们都持相反的意见。"

传统逻辑的另一个错误是把下面的三个句子看成具有相同的形式："鲁迅是周树人""鲁迅是文学家""小说家是文学家"。之所以造成混同，是因为它们从语法的角度看很相似，每一个句子都用了同一个字"是"来联结它前后的两个词。但仔细地分析会发现，"是"在每一种情况下的意义是不同的。在第一例中，"是"表示的是等同关系，相当于数学中的"="号，"是"前后的两个成分可以对调而不改变意思。在第二例中，"是"表示的是某个个体（鲁迅）属于某个类（由所有文学家所组成的类），相当于数学中的"∈"。在第三例中，"是"表示的则是某个类（由所有小说家组成的类）包含于另外某个类（由所有文学家所组成的类），相当于数学中的"⊂"。历史上好多哲学上的思辨都是与这种混淆联系在一起的。大家一定记得在我国古代有个叫公孙龙的，他是以发表"白马非马"这一怪论而著称的哲学家。如果将这里的"非"理解成不等同关系，那么，由于白马的类只是马的类的一个子集，这两者当然是不等同的，在这个意义上，白马确实非马。

但如果将“非”理解成不包含于，那这句话就是谬论了，白马形成的类并“非”不包含于马的类中，而是包含于（“是”）马的类中的。所以公孙龙的诡辩只是钻了日常语言的歧义性的空子罢了。黑格尔的那一整套的所谓“辩证逻辑”也是建立在类似的混淆的基础上的。黑格尔论证说，一方面，玫瑰花都是（包含于）红的，但另一方面，玫瑰花又不是（等同）红的，所以玫瑰花既是红的又不是红的。如果认清了这里两处的“是”具有不同的含义，那本来是没有任何自相矛盾的。但黑格尔没有认清这一点，这才使他看出了矛盾。黑格尔正是靠着这样的论证，才得出他的矛盾无处不在的学说的。

粗略地说，逻辑由两个部分组成。第一部分研究语句的逻辑形式。第二部分由一些像同一律、矛盾律和排中律这样的高度普遍的命题所组成。它断定哪些逻辑形式具有推理上的有效性，比如它断定具有“如果 x 是 P，而且 P 是 Q，那么 x 是 Q”这个形式的所有句子都是真的。在它的初级发展阶段中它体现为将所有有效的逻辑形式做成一个公理化的系统，即从公理到定理的演绎系统，就像欧几里得几何学一样，当然还有更高级的发展形式。在这两个部分中，对逻辑形式的研究是更基本的，这种研究越是充分，第二部分关于推理有效性的研究就会更加全面。正是这第一部分所取得的进步，才使我们有可能对许多哲学问题进行真正科学的探究。罗素一直非常重视逻辑分析对于哲学研究的重要性。他一度曾声称“逻辑是哲学的本质”：“每个哲学问题，当经受必要的分析和澄清时，就可看出，它或者根本不是真正的哲学问题，或者是具有我们所理解的含义的逻辑问题。”我们已经看到，一些自命高深的哲学家所提出的哲学问题实际上是由于不懂逻辑而引起的，正是逻辑分析让我们看清了这些问题的虚伪性。但我要指出，经受了“必要的分析和澄清”后仍有意义的哲学问题也还不是逻辑问题，逻辑无法提供这些问题的答案。罗素本人后来也意识到他的说法是“言过其实的”，他甚至说过“逻辑并不是哲学的一部分”这样的话。这看上去是自相矛盾的。我的理解是这样的。一方面，如果将哲学理解为一种澄清问题的方法，那么哲学的方法也就是逻辑分析的方法。另一方面，因为逻辑本身并不提供哲学问题的答案，哪怕是通过了逻辑分析这一关的有意义的哲学问题，所以逻辑并不是哲学的一部分；有意义的哲学问题归根到底是科学问题。无论如何，在注意到真正的哲学问题无法仅根据逻辑得到解答这一但书下，逻辑分析的重要性是怎么强调也不过分的。

弗雷格和罗素还纠正了关于逻辑规律的一个错误观点。逻辑规律有时也被称为思维的规律，这是一个历史悠久、流传极广的称呼。但这是对逻辑规律的性质的误解。让我们举矛盾律为例。这条规律表达的是这样一个事实：没有一个事物既具有又不具有某种性质。比如说我的桌子是长方形的，它就不可能不是长方形的。之所以很自然地把这个原则称为思维的规律，原因在于，我们是凭着思维而不是凭借对事物的观察而相信它的。当我们要对某个图形的形状形成判断时，我们根本无须看它一眼就会知道，这个图形不可能既是长方形又不是长方形。虽然如此，把逻辑规律当成思维规律这个结论还是错误的。之所以错误，是因为思维规律照字面的解释，它的适用对象只是思维现象，就像物理规律，它的适用对象只是物理现象一样。可是逻辑规律并不是只适用于思维现象的规律，也不是只适用于物理现象的规律，而是适用于任何事物的规律。还以矛盾律为例。如果它断言的是任何人都认为没有一个事物既具有又不具有某种性质，那么我们就可以说它是对人类思维活动的一种描述，也就是一条思维规律，尽管它的错误是一目了然的，因为不合逻辑的人到处都有。但这并不是矛盾律所要断言的，它只是断言一个事物——无论这个事物是关于思维的还是关于物理的——不会既具有又不具有某种性质，其中并没有谈到任何具体的事物。他们对这个问题的澄清有重大的意义，从此后把逻辑学看成心理学的分支，用心理分析代替逻辑分析的做法越来越没有市场了。

逻辑规律虽然不是思维规律，但却可以用来规范我们的思维活动。既然我们相信没有一个事物既具有又不具有某种性质，那么我们就**必须认为**没有一个事物既具有又不具有某种性质。但这种对思维的规范功能并不是逻辑规律所特有的，我们信以为真的任何信念都有这种功能：既然我们认为能量是守恒的，那么我们就**必须认为**能量是守恒的；既然我们认为爱因斯坦是个科学家，那么我们就**必须认为**爱因斯坦是个科学家。规范的目的是为了能让我们正确地思维，因为如果违背这样的规范，我们就会持有自相矛盾的信念，从而也就是错误的信念。在上面三个例子中，如果我们在相信正面断言的同时也相信反面的断言，我们就会分别断言“没有一个事物既具有又不具有某种性质，并不是没有一个事物既具有又不具有某种性质”，“能量是守恒的又不是守恒的”，“爱因斯坦是科学家又不是科学家”，而这些断言都是自相矛盾的，从而是错误的。人们之所以特别重视逻辑规律对思维的规范功能，是因为其他我们信以为真的信念的规范功能都是以逻辑规律的规范功能为前提的，这一点在上面的例子中是非常清楚的。

第 4 章

数学真理的性质

哪里有证明，哪里就有数学。但即使在数学里，也有不能证明的东西。对于我们一般人来说，几何里的公理无法证明，代数里也有无法证明的前提，像加法交换律和乘法交换律之类。这一点，曾使少年时代的罗素极度失望。

后来，罗素成了大数学家。他证明了他少年时无法证明的东西，而且把不能证明的东西大大地向后推了。他表明，数学归根到底是逻辑，数学的真理归根到底可以由逻辑的公理予以证明。到了这一步，真的是不能往后推了。在这一章里，我们要在哲学史的大背景下对罗素在数学逻辑化方面的工作作出一个评价。

在西方哲学中，数学知识的本性是一个古老的问题。我们要获得知识，一般都要通过观察。如果我们想要知道外面是不是下雨，林中是不是有鸟，鱼儿是不是睡眠，我们就运用我们的感官去看去听去观察，或者借助别人的观察。一般认为，科学的巨大成功也正依赖于对经验或实验方法的倚重。但是科学对数学的倚重是同样明显的，科学中充满了符号和计算。日常生活同样也要用到数学，当我们想知道连续下了几天雨，林中有多少鸟，池塘里有几种鱼时，我们就要用到数学。但数学知识的根据好像不是经验，数学家也从不像化学家或生物学家那样做实验，他们好像只是在用头脑思考，最多辅之以纸和笔。他们在论证时，从不诉诸观察到的事实；而且更妙的是，不依赖于观察的数学知识要比建立在观察的基础上的知识更可靠。二加二等于四，这是一个颠扑不破的真理，但天下乌鸦一般黑呢？虽然我们一直相信如此，而且有着良好的证据，但我们知道它的真理性不具有必然性，因为碰到反例的可能性总是存在的。

数学知识和经验知识的这种直觉上的区别后来被莱布尼兹概括为理性真理和事实真理的区别。理性真理成立的理由在于理性，而事实真理成立的理由在于外间的事实。值得注意的是他对理性真理的思考。“当一个真理为必然时，我们可以用分析法找出它的理由来，把它归结为更单纯的观念和真理，一直到原始的真理”。这就是说，理性的真理可以做成一个演绎系统，其中复杂的理性真理可以归约到原始的理性真理。而原始的理性真理“似乎只是重复同一件事而丝毫没有教给我们什么”。由于一切理性真理都可以由原始的理性真理给予证明，那么一切理性真理归根到底都是对我们没有教益的真理，都只是在“重复同一件事”。充满了这样的重复同一件事的空洞的真理的领域便是逻辑。因此，莱布尼兹似乎是将理性真理的源头追溯到了逻辑。既然数学是理性真理，看来数学归根到底是逻辑。休谟（英国人，1711~1776）对数学持有和莱布尼兹同样的见解，他把数学知识归入关于“观念的关系”的知识，而这种知识正是莱布尼兹所说的理性真理。他们的观点其实就是数学逻辑主义的观点，和后来的弗雷格、罗素、怀特海的观点是一样的。莱布尼兹、休谟和后来的逻辑主义者对数学真理的解释看来是很有道理的：数学真理之所以是必然的、颠扑不破的真理，正是因为它们归根到底是空洞的逻辑真理。但我们感到纳闷的是：罗素为什么要花那么大力气证明前人早已提出的观点呢？

原因是，在莱布尼兹和休谟以后，另一个哲学家康德（德国人，1724~1804）对他们的观点提出了挑战。康德也注意到上述关于数学知识和经验知识之间直觉上的区别。他也提出了一个知识的两分法：先天真理和后天真理。先天真理成立的理由在于理性，不依赖于感性经验；后天真理成立的理由在于感性的经验。应该说，康德的这个区分要比莱布尼兹的区分更符合我们的直觉，和理性相对立的不是事实，而是经验。进一步地，康德不仅从证据的角度对真理作了上面的划分，而且还从另一个角度，即内容的角度，对真理作了另一种划分，这就是他的分析真理和综合真理的二分法。所谓分析真理，他是指那些其否定会违反矛盾律的那些真理，在有些地方他又是指那种具有“A 是 B”这种形式的真理，其中“B”的概念包含在“A”的概念中。举个例子可以很好地说明康德的观点。因为“医生”的概念包含在“眼科医生”的概念中，所以“眼科医生是医生”是一个分析真理，用医生来描述眼科医生是一种无内容的空洞的描述。而综合真理指不是分析真理的其他全部真理，因此，“眼科医生是道德高尚的人”，这句话如果是对的，只能是综合真理，因为“道德高尚的人”的概念并不包含在“眼科医生”的概念中，这句话对眼科医生作了一个有内容的、不空洞的描述。按照康德的第一种界定，分析真理正好就是逻辑真理。按照他的第二种界定，分析真理包含的范围要广些，它还包括通过语词的同义变换能转化成逻辑真理的那些真理，但说分析真理的主体是逻辑真理是没有问题的。康德和莱布尼兹、休谟的区别可以用康德的术语表示如下：对莱布尼兹和休谟而言，先天真理就是分析真理，后天真理就是综合真理，从两个不同角度作出的划分从外延上看是一样的；对于康德来说，所有后天真理都是综合真理，但先天真理并不只是分析真理，有些先天真理同时也是综合真理。

“先天综合真理”是康德哲学中最核心的概念。使他扬名的大作《纯粹理性批判》（1781）的中心问题便是：先天综合真理何以可能？在康德的区分中，数学是一种什么样的地位呢？他毫不犹豫地回答说：所有数学真理都是先天综合真理。用通俗的话来说，他的意思便是：一方面，从证据上讲，数学真理和逻辑真理一样，其根据只在于我们的理性而不在于感性的经验。另一方面，从内容上讲，数学真理并不是像逻辑真理那样的空洞真理，它们和那些以经验为基础的真理一样，有报道事实的功能，但它们又要比经验的真理高级，因为它们提供了任何经验的认识所不可违背的框架。例如，如果我把 7 个人和另外 5 个人数成了 11 人，我不会援引这个经验作为质疑“7+5=12”的借口；相反，我会援引“7+5=12”的真理性，来判断我一定是数错了。当然，康德的先天综合真理并不限于数学，还包括我们现在愿意称为限制性原理的一些东西，像任何事情都是有原因的，无中不能生有，等等，还包括他那个时代的自然科学中的一些根本原理。我们再以因果律来说明康德的先天综合真理作为认识活动的框架的意思。如果对某件事情我们百思不得其解，怎么也找不到它的原因，我们不会因此说这件事情没有原因，从而“任何事情都是有原因的”这个原理是错了，而会说原因总是有的，只是我们还没有找到，如果我们对这件事情的原因格外在意，如果我们继续寻求的话，我们必将找到这个原因。

康德的学说有着深刻的心理根源。我们的内心世界都渴望获得关于这个世界的确实可靠的真理；但我们同时也知道从感觉经验得来的知识并不具有这种确实可靠性，得之于感觉经验的知识总有可能因出现反例而被证伪。我们相信，天下乌鸦一般黑，因为我们到目前为止看到的乌鸦都是黑色的，但下一只被观察的乌鸦也是黑色的吗？我们不知道。我们只是凭着本能相信下一只被看到的乌鸦也是黑色的，但这种信仰是不能从过去的经验中得到证明的。因此，确实可靠的真理看来只能在纯粹以理性为根据的真理中去寻找。但就求得我们的心灵的真正满足而言，逻辑是不中用的；虽然逻辑的真理完全来自于理性，完全确实可靠，但这种真理是空洞的，对于这个世界有什么东西，这些东西又有什么性质，它们什么也没有说。数学如果像莱布尼兹和休谟所说的那样是从逻辑真理推导出来的，那也同样使我们失望，因为那等于说它们归根到底也是空洞的。如果确实可靠的真理只能是空洞的，无内容的，不包含任何事实的内容，那有了这方面的知识也不足以使我们的心灵得到满足，因为它们并不能让我们对这个世界有任何实质性的了解，甚至更糟。发现了理性真理是确实可靠的，随后又发现它们其实是空洞的，这只会使我们更真切地感受到理性的空虚和无聊，这种感觉跟一个纯情的少女委身于人后却没有找到真爱的感觉差不多。一句话，我们渴望着确实可靠的知识，但只渴望对世界有所描述的确实可靠的知识。

康德的哲学来得很适切。他从理性真理的领域中划出了一块地盘，即"先天综合真理"的地盘。他论证说，这块地盘结出的都是些既坚实又饱满的果实，数学就是这块地盘里结出的果实之一。这种观点实实在在地而不是空洞地满足了人们对确实可靠的知识的渴望。所以它打动了很多人，也打动了罗素。罗素在年轻的时候对康德的这套学说是很相信的。从他下面这段文字中，读者当能感觉到他在数学中找到的那种安全感，他实际上把数学当成了他的真正的精神家园。"数学把我们从人事以外更向前推进一步，把我们带到绝对的必然世界去，不但现实世界不能不遵从这个必然世界，而且每个可能的世界都不得不遵从这个必然世界；数学甚至在这里建造了一个住所（说得更确切一点，数学找到了一个永久存在的住所），在那里我们的理想得到充分的满足，我们最高的希望不会遭到挫折。”这种安全感若不是以类似康德的数学哲学观做背景，是很难让人理解的。如果考虑到这段文字是写于他正在全力以赴地实现他的数学逻辑化目标的过程中，我们更可以理解到对知识的确实性理想的追求对罗素精神生活的深刻影响，即使这种理想在理智上已经变得越来越不可能，但对他的情感仍有着强大的吸引力。

罗素毕竟是一个科学家，是一个充满了科学精神的哲学家。他尽量摆脱心理上和情感上的偏见对公正、客观、自由的研究带来的干扰。虽然从情感上说他愿意接受康德的学说，但他仍决定通过扎扎实实的技术化研究，而不是通过纯粹的哲学思辨来决定莱布尼兹和康德这两人到底谁是谁非。他的研究得出了数学可以还原为逻辑的结论，这虽然与他渴望确实可靠性的心理情结是冲突的，但他最后仍倒向了前者。他的数学逻辑主义从哲学史上看有非常重大的意义，它构成了康德那一整套先天综合原理的解体交响曲的一个乐章。《数学原理》起初的目的正是要驳斥“那个强词夺理的庸人”（指康德）的。“我终于相信（虽然是很不愿意）数学是由重言式［也就是类似于莱布尼兹所说的那种“似乎只是重复同一件事而丝毫没有教给我们什么”的句子］而成。我恐怕在有充分智力的人看来，整个数学会是显得无足轻重，就像说一个四足动物是一个动物无足轻重一样。在默想数学真理的时候，我再也得不到什么神秘的满足之感了。”

但至此故事还没有结束。罗素的结论并不是最终的结论。我们在前面曾经谈到，罗素对数学概念的还原，由于用到了“类”这个概念，已经引起了争议。如果只是这样的话，问题还不大，数学到底是不是逻辑，取决于人们愿不愿意把“类”这个概念算作逻辑的概念，这毕竟只是个语词问题。但更大的问题不是在概念的还原这一方面，而是在学说的还原这个更重要的方面。

在推导数学定理时，罗素除了用到了公认的逻辑公理外，还用到了一些特殊的公理，这些公理都与类有关。因此，罗素实际上是从集合论推导出数学的。为了完成逻辑主义的目标，罗素应该能表明这些特殊的公理可以看成逻辑公理或能从逻辑公理中推导出来。但是，其中的两条公理——无限公理和选择公理——由于是存在性断言，是肯定不能算作逻辑公理的，逻辑并不断言任何对象的存在。最糟的是，集合论里居然发现了悖论，这表明导致悖论的那个原理不但不可能成为逻辑公理，而且根本是需要放弃的。

我们知道，类可以通过指定它的元素资格，即属于这个类的充分而且必要的条件，随之被指定。例如，我们指定的条件是与整数有双倍的关系，我们也就指定了偶数的类；因为这个条件为偶数类里的元素所满足，也只为它们所满足。人们会很自然地设想，只要我们指定了这样一个条件，我们就能成功地指定一个类，其元素恰好是满足这条件的对象。这就是素朴集合论里的类存在公理。正是这个公理导致了悖论。

让我们考虑下面的条件：不是自身元素的类。简言之，这是一个非自身元素的条件。我们能想到的几乎任何的类都满足这个条件；例如偶数的类当然满足这个条件，因为它自身并不是一个偶数。但是却没有下面这样一个类，我们姑且称它为x；x的元素正好是那些不是自身元素的类。现在让我们看一看x是不是自身的元素：如果x不是自身的元素，那么根据元素资格，x便是x的元素，从而是自身的元素，这是一个矛盾；如果x是自身的元素，那么根据元素资格，它就不属于x，即不属于自身，这同样是一个矛盾。因此，我们得说根本不存在这样一个类：任何类都不恰好以不是自己的元素的类为元素。

上面这个悖论是罗素本人发现的，因此被命名为罗素悖论。它是集合论中许多悖论中最简单的一个。它悖就悖在与集合论中的期望——每一个可表达的元素资格都对应着一个类——相冲突。为了解决悖论，罗素提出了类型论，大意是硬性规定不可以谈论一个类是不是属于它自身。这样做确实消除了上面那个悖论，因为在这样的规定下，不是自身元素的类的类是不是属于自身这个问题已经不再有意义了。但这个规定并不能保证集合论里不会再产生新的悖论。

随着悖论的发现，随着对集合论的更深入的研究，人们已经逐步认识到作为数学基础的集合论和基本逻辑（不把“类”作为它的词汇）之间的区别。逻辑真理或者本身是自明的，或者可以从自明的逻辑真理推导出来（潜在自明的），但集合论中的真理，或集合论中被认为真的句子，并不能指望具有这样的自明性或潜在自明性。哥德尔（奥地利人，1906～1978）定理表明，强到能蕴含皮亚诺算术公理的集合论系统或者是不一致的，或者是不完全的。如果不一致，说明其中有悖论；如果不完全，说明有些真理无法推导出来。事实上，现在集合论领域的数学家在采用特殊的存在公理时（素朴的公理已经被罗素悖论证伪了），已不再将它们当作自明的真理了，而是将它们看成与理论物理学中的假说相类似的假说。从证据的观点看，数学总的说来更像物理学，而不是像曾经认为的那样更像逻辑学。从整体上看，数学真理不能从自明的公理导出，而只能从假说中导出。这些假说和自然科学中的假说一样，其合理性要根据它们推出的后果的可信程度加以判断。

数学还原为逻辑是失败了，但这并不意味着向康德的“先天综合真理”的回归。数学不像逻辑那样是分析的，但也不是什么先天的颠扑不破的东西。数学从总体上说，和自然科学一样，是一个假说系统。被康德视为先天真理标本的他那个时代的科学原理，已被证明并不是什么先天的原理，而是需要接受经验不断检验的假说，康德关于先天综合真理的学说在自然科学领域同样是破产的。但有人可能要问，自然科学需要接受经验的检验是可以理解的，数学如何接受经验的检验呢？我们这里无法详论这个问题，只能概括回答如下：数学在自然科学对经验预测时是必不可少的，在自然科学被经验检验的同时，数学也间接地经受着检验。

最后我们还要问一个问题，这个问题具有和少年罗素提出的问题同样的结构。罗素那时候问，人们为什么要接受不能证明的几何公理？现在我们的问题是：人们为什么要接受不能证明的逻辑公理？康德说它们是分析真理，“分析真理”这个概念经康德以后的哲学家的反复阐明，最后被说成是根据意义而为真的真理（并不违背康德的主旨）。这样一来，逻辑真理就是根据其中的逻辑词汇的意义而为真的真理。以排中律为例，“一个事物或者具有某个性质或者不具有某个性质”，这个句子的真理性的根据就在于逻辑词汇“或者”和“不”的意义。那么“或者”和“不”的意义是什么呢？无论如何，一个否定排中律的人大概是不能认为知道“或者”和“不”的意义的。这样一来，“或者”和“不”的意义，至少它们的部分意义，是要由排中律来定义的。读者已经看到了这里的循环：用“或者”“不”的意义定义排中律的真理性，再用排中律定义“或者”“不”的意义。所以把排中律说成根据意义而为真，这种说法并没有真正解释排中律的真理性。所以对为什么要接受逻辑公理这个问题，我们只能老老实实地回答：因为它们是自明的，即它们是无可置疑的。

可能有读者朋友会问：“你不说我还明白，你说了我更不明白了。我们为什么要接受逻辑公理？你说是因为它们是自明的。这样说来，只要某个信念是自明的，就不需要证明了。那么请问：几何学里的公理，还有像‘1+1=2’这样的算术真理，对于我们来说，不是同样自明的，因此同样不需要证明吗？听说罗素在他的书里可是花了很大的努力来证明它的，这是为什么呢？”

问得好。确实，我们谁都不是因为罗素构造了一个对“1+1=2”的证明才接受一加一等于二的。事实上正好相反，罗素的证明之所以被接受，正因为它能推导出像“1+1=2”这样的自明的真理；如果罗素推导出的不是“1+1=2”，而是“1+1=3”，我们就有充分的证据向他指出，他的证明是错的，或者证明过程错了，或者他用来发动他的证明的前提错了。我们还记得，素朴集合论中的公理就是因为推导出了逻辑矛盾的结论（不属于自身的类的类既属于又不属于自身）而被放弃的。这里的关键是我们要分清看问题的两种角度：一种是逻辑的角度，一种是证据的角度。或者更清楚地说，我们要分清逻辑意义上的证明和认识论意义上的证明这两种不同的证明。从逻辑的角度看，推导出“1+1=2”这样的自明真理的那些公理是基本的，我们可以说自明的真理是被那些公理所证明的。但从证据的角度看，被推导出的自明的真理才是基本的，它们不需要证明，因为它们不需要任何证据，或者它们的证据就是它们自己；任何其他的真理反而要以它们为证据。逻辑不同于数学和其他学科之处在于，逻辑真理既处于逻辑的起点，又处于证据的起点，而在其他学科里这两者是分离的。我们可以再举一个自然科学中的例子。从逻辑的观点看，膨胀、热传导、毛细引力的现象是从分子运动论得到证明的，分子运动论处于基本的地位；但从证据的观点看，膨胀、热传导、毛细引力的现象是自明的，是无须证明的；相反，我们之所以接受分子运动论，其证据就在于它对这些现象的成功解释。

但是，另一方面，我们不能用静止的观点看待自明的真理。自明的真理，其自明性并不是永恒不变的。过去被认为是自明的东西现在可能不再被认为是自明的了。几何学中的平行线公理就是一个适当的例子。它长久以来一直被认为是自明的，已经表明它不能由其他公理导出。相反，它可以被各种相反的公理所代替，而不失系统的一致性。它对物理学并不是必需的，甚至已经被其中的一条相反的公理所取代了。素朴集合论中关于类存在的公理是另一个例子。自明的真理永远都构成其他真理的证据，但自明真理的系统本身也是变化的。变化的原因是因为我们发现了它们之间的冲突，理论对于发现这种冲突是有很大作用的。如果没有罗素等人对作为数学基础的集合论的研究，也许我们永远都不会发现素朴集合论公理和罗素悖论这两个自明的或潜在自明的陈述之间的冲突。作为上层建筑的理论体系的作用，在于引导我们进入更广阔的世界视野，这个更广阔的世界视野是我们如果故步自封于自明性的真理的小圈子中所无法达到的。在眼光放大的同时，我们可以对我们一直认为自明的东西有更好的理解和整合。理论要以自明的真理为最终证据，但理论对自明的真理并不是不加批判的。我们没有理由认为，逻辑，还有一加一等于二等等的自明性是一劳永逸的。康德的两个区分，在分析真理和综合真理之间的区分，在先天真理和经验真理之间的区分，都是站不住脚的。只有一种真理，它们可能很自明也可能很不自明，但自明性的程度是不断变化的。

第 5 章

哲学的科学化

罗素在晚年曾谈及他研究哲学的动机。“我最初对于哲学的兴趣有两个来源：一方面，我急于要发现，对于任何可以称为宗教信仰的东西，哲学是否可以提供辩护，不管是多么笼统；另一方面，我想要我自己相信，如果不在别的领域里，至少在纯数学里，有些东西是可以［确实地］知道的。”用哲学的术语来说，罗素的兴趣可以概括为本体论上对永恒事物的追求和认识论上对确实可靠的知识的追求，这正是传统哲学的理想。

我们已经看到罗素在认识论上的理想的结果。罗素对数学一直有浓厚的兴趣，希望把它塑造成确实可靠的知识的典范。从上面各章的讨论中可以看出，他和弗雷格、怀特海等人的工作让人进一步看清了数学和逻辑之间的关系，但对于他最初要达到的目标却是无能为力的。数学就总体而言，和自然科学一样，只提供关于世界的猜测性的知识，但并不提供确实无误的知识；数学和自然科学是密不可分的，它们作为一个整体对变动不居的感觉经验作出预测，并经受感觉经验的持续不断的考验。确实无误的知识是没有的，也许逻辑是个例外，但它的确实无误性只是来自于它的空洞性，这两者其实是一回事。罗素对确实性真理的追求，以及要在数学中发现这种真理的愿望，以失败而告终了。

和在认识论上对确实可靠的知识的追求一样，罗素在本体论上对永恒事物的追求也导致了否定的结果。早在年轻时，罗素就经过自己的独立思考否定了流俗的宗教信仰，从此不再相信上帝的存在，也不再相信灵魂不朽和自由意志。在上大学期间，他接触到了黑格尔哲学，并一度接受了它。“在剑桥，我了解到了黑格尔的哲学，在他的 19 卷深奥的著作里，黑格尔声称已经证明了一些东西，完全可以视为传统信仰经过修正的精致的翻版。黑格尔证明宇宙是一个紧密结合的整体，他所谓的宇宙像一块果冻，如果你碰到它的任何一个部位，整个果冻都会颤动；然而它又有不像果冻的地方，不可能真的把它切成几份。按黑格尔的说法，由几部分组成的表面现象是一个错觉。唯一真实的是绝对理念，即黑格尔的上帝。我曾一度从他的哲学中得到安慰。”可见，罗素是把黑格尔哲学看成是流俗的宗教信仰的替代品来接受的，但不久他就放弃了黑格尔哲学，这里的关键是他认为黑格尔哲学和其他一元论世界观都因为主谓逻辑的失效而失效了。在对黑格尔的绝对理念感到幻灭后，他一度又成了柏拉图主义的信徒。“根据柏拉图（古希腊哲学家，约公元前427~公元前347）的学说，存在着一个永恒不变的理念世界，而呈现于我们的感官的世界则是其不完善的摹本。根据这种学说，数学讨论理念世界，因而有一种为日常世界所没有的确实性和完善性。柏拉图这种得之于毕达哥拉斯（古希腊哲学家，约公元前572~约公元前497）的数学的神秘主义正投我所好。”这种对柏拉图主义的信念是和对数学知识确实可靠性的信念紧密联系着的，甚至就是一回事。随着后者的破灭，前者也就破灭了。“自此以后，我再也没有在任何我能接受的哲学学说里找到宗教的满足。”

但幻灭并不是故事的全部，在幻灭中也有新生。他在幻灭的基础上开始倡导一种新哲学，罗素称这种新哲学为逻辑原子主义。关于这种新哲学的细节将在后面介绍，这一章要谈的是罗素在这种新哲学里所大力倡导的一种新的哲学观。逻辑原子主义关注的仍是本体论问题和认识论问题。罗素和传统哲学家一样想知道世界的本性，想知道知识的本性，但是罗素并没有像传统的哲学家那样提出什么耸人听闻的、与普通知识（常识和科学）大异其趣的观点。以往的许多哲学家并不为他们的哲学结论的异乎常理和悖谬而感到不安和羞愧，相反，他们认为他们的结论才是真正深刻的真正可靠的结论，常识和科学只是以或然的方式告诉我们一些皮肉之相。那么他们的观点为什么既深刻又可靠呢？据说那是因为他们运用了一种哲学的或逻辑的方法，这种方法是与获得普通知识的方法完全不同的。罗素反对这种将哲学和常识、哲学和科学截然分开的观点。他认为哲学的出发点只能是常识和科学提供的普通知识。这样说并不意味着普通知识提供了无可置疑的真理，也不是说哲学要对普通知识照单全收。事实上，普通知识的每一个细节都可能是错误的，哲学的功能之一就是要通过对已有知识的批判而改进我们的知识状况。在这个意义上，哲学家的任务就是要对流俗的知识提出疑问，并代之以更可靠更无可辩驳的知识。但罗素指出，怀疑也好，改进也好，都必须以接受普通知识的主要部分为前提。没有这个前提，哲学就只能是一些毫无根据的臆测和玄想，就不会取得真正的进展。他也反对将逻辑分析神秘化的观点，仿佛仅靠着逻辑的分析，就能作出关于世界本性的断言，而且是比常识或科学的断言更高级的断言。他认为，任何关于世界的断言，无论是关于世界的某个细节的问题，像外面有没有下雨，明天会不会下雨，还是概括性程度更高的问题，像现在被称作基本粒子的东西是不是仍有着内在的结构，世界上只存在一个事物还是存在多个事物，其答案都不能由逻辑分析作出。逻辑分析的作用只在于弄清楚我们想要回答的问题，其确切含义到底是什么，正确的答案可能是什么。这样理解的逻辑分析的方法，只是科学方法的一部分，即旨在澄清问题意义的那种方法。这当然是很重要的一种科学方法，如果我们连问题都没有搞清楚，那答案只能是文不对题了。但逻辑分析的方法并不能自动让我们获得有意义的问题的答案，最多只能让我们知道答案的各种可能性。许多传统哲学家在这方面犯了双重的错误。第一，他们误解了逻辑分析的本性，认为仅凭他们的逻辑就能获得对问题的答案。黑格尔之所以认为仅凭逻辑就能推断出绝对精神的存在，那些相信上帝的本体论证明的哲学家们之所以认为仅凭逻辑就能证明上帝的存在，其根本原因都在于这种错误的逻辑观。第二，他们在本来最应该进行逻辑分析的地方漫不经心，结果是他们企图作答的许多所谓深刻的哲学问题，其实在真正的逻辑分析的检验下只是一些无意义的问题。比如，黑格尔和宗教哲学家从来就没有从逻辑上真正讲清楚绝对观念和上帝到底是什么样的东西。

“我们不能指望哲学能获得任何高级品牌的知识，并将其作为立足点据以批评全部日常生活的知识。哲学所能做的充其量不过是通过内在的精审细究去考察和纯化我们的普通知识，采纳借以获得普通知识的那些原则，并且更审慎更严谨地应用这些原则。”既不存在根本上异于普通知识的高级知识，也不存在能获得这种高级知识的特殊的哲学思辨或逻辑分析的方法。哲学只能运用普通知识中的方法对普通知识进行改进，这种哲学科学化的主张是罗素的分析哲学与传统的思辨哲学的最大不同。

如果人们看过钱钟书先生的小说《围城》，大概还记得里面有这样一个情节：小说的主人公方鸿渐在一次聚会的场合里和自称与罗素有过接触的哲学家褚慎明攀谈道：“褚先生最近研究些什么哲学问题？”褚慎明并没有立即回答，而是等到聚会中唯一的女客人到场后，才对这个照例的问题作了如下刻板的、学究式的回答："这句话严格分析起来，有点毛病。哲学家碰见问题，第一步研究问题：这成不成问题，不成问题的是假问题 pseudoquestions，不用解决，也不可解决。假使成问题呢，第二步研究解决：相传的解决正确不正确，要不要修正。你的意思恐怕不是问我研究什么问题，而是问我研究什么问题的解决。"虽然褚慎明不顾场合的表演和卖弄确实令人生厌，而且他的回答实际上是答非所问的，听了他的回答后相信读者会和方鸿渐先生一样，仍是不知道他在研究什么哲学问题。但同时我们必须承认他的回答却是在某种程度上道出了分析哲学家对解决哲学问题的两步走的策略：第一步弄清楚问题的意义，这是分析所要解决的问题；第二步对有意义的问题（也就是真问题，成问题的问题）的各种可能答案作出评估，但这并不是只靠分析所能解决的，还必须使用科学中的其他方法，必要时还要进行观察和实验，而且不论我们提出或接受了什么样的答案，这种答案从根本上讲都是假设性的或猜测性的。

简单地说，哲学并不是一门独立的学问，更不是凌驾于普通知识之上的超级的或神秘的学问，它只是我们普通知识的延长。一方面，从学说体系上看，哲学和任何其他科学一样，都旨在获得关于这个世界上存在着什么，存在着的东西有什么样的性质的知识，它们从根本上说是同一类知识；哲学的特殊性只在于它处于科学的抽象的、理论的一端。由于这一特点，哲学知识比起普通知识来，与传统哲学家的想法正好相反，并不是更加确定的，而是更加思辨的、更多猜测性的知识。哲学知识和普通知识的界线并不是一成不变的。随着人类知识体系的演进，原先的哲学问题可能已经成了一个常规的科学问题（比如令古希腊哲学家芝诺感到困惑的那些悖论因为数学方面的进展已经成了普通的数学问题），而原先属于普通知识范畴的问题也可以成为一个哲学问题（比如逻辑和数学的关系问题因为弗雷格和罗素的工作而一下子被推到了哲学思辨的前台）。另一方面，从研究方法上讲，哲学也并没有什么超级的或神秘的方法。逻辑分析的方法并不是哲学所特有的方法，任何科学都会涉及逻辑方法的运用。只是由于哲学问题的抽象性、理论性和根本性，它的意义往往并不是一目了然的，所以逻辑分析对于哲学比起其他科学更为重要，在运用时也要求更大的耐心和细心。

哲学的科学化，当然不能投合所有人的脾胃，肯定会让哲学失去一些吸引力，因为大多数喜欢哲学的人之所以喜欢哲学，就是因为他们认为哲学可以发现常识所不知道的和科学所不能发现的终极真理。对此，罗素充分预料到了。他在 1914 年写道："关于哲学进步的前景，现在就满有把握地作出断言，还为时过早。许多传统的哲学问题，那些不仅使专门的研究者而且使更广大的群众感兴趣的问题，看来也许大多并不能用科学的方法予以解决。正如天文学不再是占星术时曾使许多人失去了对它的兴趣一样，哲学在论断方面越来越吝啬的态度也必定会使它失去一些吸引力。但是，对于广大的而且仍在不断增多的有着科学的追求的人们（他们迄今一直以某种不无理由的轻蔑的态度鄙弃哲学）来说，在解决诸如数、无限性、连续性和时空等古老问题上已取得成功的新方法当会具有一种吸引力，这种吸引力是旧的方法所决然不能有的。”罗素把哲学的希望寄托在热爱科学的人们身上。

要注意的是，罗素所倡导的科学的哲学，并不是指简单地推广科学的某个结论。科学的某个结论是不是要调整适用的范围，是不是能适用于更大的范围，这是一个应根据科学的证据来决定的问题，单纯的哲学分析并没有资格作出这样那样的回答。罗素举进化论为例。进化论是一条生物学的原理。有些哲学家像斯宾塞（英国人，1820~1903）、柏格森（法国人，1859~1941）等，受了这条原理的鼓舞，便在自己的哲学里声称，进化论不但适用于生物界，也适用于对社会现象的解释，甚至可用来解释世界上的每一种现象。罗素指出，这样一种推广并不能单由哲学的分析作出。“世界是进化的，是退化的，还是稳态的，并不是哲学家要说的。”不借助科学的证据而径自作出这种推广，这就犯了“匆忙概括”的错误。这并不是科学的哲学，而仍是重复了过去哲学家的错误，即认为单靠哲学的思辨或分析就能建立关于世界的根本原理。

那么如何才能真正成为一个科学的哲学家呢？

首先，要有追求真理的强烈欲望。罗素指出，这种欲望在人群中，甚至在哲学家中也是罕见的。追求真理的欲望，也就是希望正确的欲望，常常会和希望一贯正确的欲望相混淆。我们应该学会将这两者区别开来，并克服后一种欲望。希望一贯正确的欲望是一种骄傲的心态，它会让我们看不到既往的错误，从而堵住了我们的知识进步的道路。这种欲望在哲学家身上常常体现为对某种理论体系的爱好。哲学家可能会太迷恋自己建筑的体系，以至于为了维护他的体系，而不惜对不容于他的体系的“小小的事实”采取漠视、隐瞒甚至歪曲的态度，“然而，这一小小的事实，比起它所不容的体系，是对将来更为重要的。”他以毕达哥拉斯对无理数的态度为例：毕达哥拉斯首先发现了存在着无理数这一事实，但他却因这个事实无法被纳入他的体系而隐瞒了它，并严厉惩处敢于泄露这一事实的门徒。但令人感到讽刺的是，“在我们看来，这个事实的发现是毕达哥拉斯堪称不朽的主要功绩，而他的体系则已变成只能引起人们历史兴趣的古董了。”罗素警告说：“对体系的爱好以及与之相随的体系创造者的虚夸自负是研究哲学的人必须谨防的陷阱。”

除了知识的偏见外，道德的偏见也会污染追求真理的欲望。哲学和科学一样，其正当的目标是不拘何处的真理，而不是论证某种生活方式或道德的信仰。从哲学的历史看，对真理的追求和对道德生活的论证一直是混在一起的。这种混合产生了很不幸的后果，那就是在许多哲学家那里，构造这样或者那样的哲学体系本身并不是目的，而只是被当成了论证某种“好”道德（其实只不过是这样或者那样的道德偏见）的手段。罗素写道：“从理智上讲，错误的道德考虑对哲学的影响自来就是大大地妨碍了进步。我个人不相信哲学能够证明宗教教条是真理或不是真理，但是自从柏拉图以来，大多数哲学家都把提出关于永生和神存在的‘证明’看成了自己的一部分任务。他们指责了前人的证明——圣托马斯否定圣安瑟勒姆的证明，康德否定笛卡儿的证明——但是他们都提出了自己的新证明。为了使自己的证明显得有根据，他们曾不得不曲解逻辑、使数学神秘化、冒称一些根深蒂固的偏见是天赐的直觉。”

其次，要培养建设性的批判能力。罗素并不因为提倡哲学的科学化而反对批判科学，只是他主张批判并不是外在的，而是内在于科学的批判。在哲学科学化的前提下，罗素不但不反对哲学的批判功能，而且热情地呼吁这种批判。如果没有批判，我们的知识就会成为教条，就会走向僵化，从而使知识的进步成为不可能。他多次推荐笛卡儿的“方法论的怀疑论”：“我们在开始进行哲学反思时所发现的那些素朴的信念，最后差不多全都可以得到真正的解释；但是在允许它们被纳入哲学之前，却必须使所有这些信念经受怀疑论批判的严峻考验。虽然大多数的信念可能通过这种检验，但是我们深信，有些信念是通不过的，结果我们的看法必须作重大的重新调整。”但光有怀疑是不够的，光发现知识上的疑点也是不够的，我们还需要具有解决真正问题的能力，这需要有建立在良好的知识素养基础上的丰富的想象力。没有这种想象力，知识上的“重大的重新调整”是无法实现的。“怀疑熟悉的事物和想象不熟悉的事物，这两个过程是相互关联的，构成了哲学家所必需的精神训练的主要部分。”罗素本人对数的本质的思考是一个很恰当的例子（详见第二章）。一方面，罗素有足够的怀疑力，他对把数当成事物的性质这种传统见解提出了怀疑，这种怀疑是有充分根据的，因为关于一与多的悖论正是由这种见解带来的；另一方面，罗素又有足够的想象力，他把数想象成由事物所组成的类的性质，这种想象同样是有充分的根据的，因为这样定义的数保留了“我们期望于数的一切性质”。顺带说一句，罗素的定义并不具有最终性，因为存在着其他的对数的定义或构造的方式，同样可以解决一与多的悖论。这一点并不是偶然的，除逻辑以外的任何知识都是假设性的和猜测性的，任何问题从原则上讲都会有多种不同的解决方案。

第 6 章

事物的逻辑类型

本体论是研究从最根本的意义上来说世界上存在着什么东西的哲学学科。自然科学也探讨存在什么的问题，比如物理学家告诉我们存在电子，动物学家告诉我们存在袋熊，数学家告诉我们存在着无穷多的素数，但哲学家想要知道，在更一般的层次上，总体存在着什么。我们一定听说过唯物主义和唯心主义，这也许是我们最熟悉的本体论，前者只承认物质性的事物，后者只承认精神性的事物，而我们的常识则认为世界上存在两类事物——物质性的事物和精神性的事物。又比如，世界上是不是只存在具体的事物，还是除此之外也存在着抽象的事物？世界上是不是只存在一个事物，还是多个事物？这些也都是本体论的问题。那么，以罗素的观点，世界上归根到底存在着什么样的事物呢？他所持的到底是一种什么样的本体论呢？

一言以蔽之，逻辑原子主义。我们可以把逻辑原子主义分为两部分，一是学说性的部分，一是概念性的部分。学说性部分指他对世界上到底存在什么的实质观点，概念性部分指他对本体论概念的澄清，也就是对“存在”一词的澄清。

罗素在他的《逻辑原子主义哲学》（1918）一文中这样总结他的本体论观点：“按照逻辑原子主义的观点，倘若不是从实际上，至少在理论上，你就可以开始认真处理最终的简单之物。世界是由这些简单之物建立的，而且，这些简单之物具有一种不属于任何其他东西的实在。正像我努力要说明的一样，简单之物有无限多的种类。存在各种不同阶的殊相、性质和关系，即由不同种类的简单之物所组成的整个分层，但是如果我们正确的话，那么，全部的简单之物以它们各自不同的方式具有某种不属于其他东西的实在。在这个世界上你碰到的唯一其他种类的对象就是我们所谓的事实。而事实是那种可以由命题作出肯定或否定的事物，但在事实的要素是实体这种意义上，事实根本不是实体。这一点在你不可能命名事实的这个事实中得到说明。你只是否定、肯定，或思考它们，但是你不能命名它们，因为它们并不是在那儿要你命名的东西，虽然在另一个意义上下述这一点是真的：如果你不知道构成世界的真理的那些事实，你就不能认识世界；但是认识事实与认识简单之物是完全不同种类的事情。”

这段话里有两层意思，第一层意思是说世界上存在着三种不同的东西，即殊相（个别的东西，占据时间和/或空间的东西，实存）、共相（性质、关系，即普遍的东西，不具有时空属性，潜存）和事实。第二层意思是说这三种不同的东西内部各有简单和复杂之分，他断言存在着最简单的殊相，最简单的性质或关系，它们被称为“逻辑原子”；也存在着最简单的事实，复杂的事实可以分解到最简单的事实，但即使是最简单的事实（被称为“原子事实”），本身仍然是复杂的，是由最简单的殊相和最简单的性质或关系组合而成的。我们从第一层意思谈起。关于第二层意思，我们留到下一章解说。

认为存在的东西可以分为三类，这是罗素把逻辑分析方法运用于以词指物这一历史悠久的思想的结果。从逻辑形式上看，最简单的句子就是断定某个对象具有某个性质或某些对象处于某种关系的句子（性质可以看成是一位关系），可以记为“Fa”（a具有“F”所表示的性质）、“Rab”（a和b处于“R”所表示的关系中）、“Habc”（a、b和c处于“H”所表示的关系中）等等。这些字母要有意义就必须有所指，显然，这些式子中小写字母和大写字母的逻辑类型是不一样的，所以小写字母表示的对象和大写字母表示的对象必定不是同一个种类的对象。举例来说，在“苏格拉底是哲学家”这个句子中，“苏格拉底”表示的是一个具体的人，而“（是）哲学家”表示的却是一个抽象的性质。另外，整个句子也应表示一种东西，这种东西就是所谓的事实。罗素强调，“苏格拉底”“（是）哲学家”“苏格拉底是哲学家”表示的对象是完全不同的。“这是完全不同的三种意义，而且，假如你认为在这三种情况中‘意义’一词具有同样的意义，你就会陷入最不可救药的矛盾中。”

这种对存在的对象进行分类的必要性，由于罗素发现的悖论和集合论中的其他悖论，而显得更为重要了。

我们在第四章中曾介绍过不属于自身的类所组成的类的悖论。这个悖论的最初对象是类，但其实也一样适用于性质或关系。为什么会是这样呢？罗素告诉我们，比起类来，性质和关系是更为根本的，事实上类可以用性质和关系加以定义。考虑张三、李四和王五这三个人所组成的类，对这个类中的每一个元素，我们都可以说，他或者是张三或者是李四或者是王五，也就是说“（是）张三或者李四或者王五”表示的性质是由张三、李四和王五所组成的类的每一个元素所具有的，完全可以用来定义这个类。既然类可以由性质和关系来定义，因此，关于类的悖论就会传递到性质和关系上来。

现在我们就来谈悖论。在《逻辑原子主义哲学》中他介绍了两个集合论的悖论，一个是康托尔发现的悖论，一个是他自己发现的悖论。

“你所愿意提及的每一类事物都有某个基数，这很容易从基数是相似类的类这个定义得出来，而且你可以倾向于假定：世界上存在的所有事物的类有和人们合理地期待一个类所能具有的差不多同样多的元素。普通人会认为，你不能取得比世界上存在的所有事物的类更大的类。另一方面，十分容易证明：如果你挑选一类中的某些元素，并且你是以你能采取的每一可想象的方式作出这类选择的，那么你能做的不同的挑选数目就要大于初始项数。这很容易从小的数目上看出来。假定你有一个恰好只有 a、b、c 三个元素的类，你能做的第一个挑选是什么也不选，接着是单个的 a、单个的 b 和单个的 c，然后是 bc、ca、ab、abc，一共是 8（也就是 2^3）个选择。一般说来，如果你有 n 项，你就能做 2^n 个选择。2^n 永远大于 n 这一点非常容易证明，无论 n 碰巧是有限的还是无限的。所以你会看到：世界上事物的总数目没有可以从这些事物所构成的类的数目那样大。我要求你们把所有这些命题视为当然，因为现在没有时间去证明，但这些证明都在康托尔的著作里。因此，你会发现：世界上事物的总数绝不是最大的数目。相反，存在着一个比那更大的数目的分层。这一点乍一看似乎会将你置于矛盾之中。事实上，你可以通过十分精确的计算证明：天上或地上存在的事物比我们的哲学所想象的事物要少。这说明哲学是怎样进步的。”

“现在我该讨论关于不是自身元素的类的矛盾。通常你会说，你不期待一个类是其自身的一个元素。例如，如果你取世界上所有的茶壶组成的一个类，那么这个类自身不是一个茶壶。或者如果你以世界上所有的人为例子，由他们组成的整个类反过来不是一个人。通常你会说，你不可能期待事物的整个类自身是那个类的一个元素。但是却有明显的例外情况。如果你以世界上所有不是茶壶的事物为例子，并且将它们组成一个类，显然（你会说）这个类不是一个茶壶。在否定的类的情况下一般都是如此。也不仅仅在否定的情况下，因为，如果你此刻认为：类在事物是事物的这个意义上是事物，那么，你也必须得说：由世界上所有事物组成的类自身也是世界上的一个事物，因此这个类是自身的一个元素。当然，你可能认为，由世界上所有的类组成的类自身是一个类这一点是明显的。我认为绝大部分人都会赞成这种看法，因此你得到了一个类是自身的一个元素的例子。如果询问一个类是否是它自身的一个元素有意义的话，那么，在所有日常生活的普通类的例子中你肯定会发现一个类不是自身的一个元素。倘若是这样，你就能够继续构成由所有不是自身元素的类所组成的类，而当你构成这个类以后，你可以问自己，这个类是自身的一个元素呢，抑或不是自身的一个元素？首先，我们假定它是自身的一个元素。在这种情况下，它是那些不是自身元素的类中的一个类，就是说，它不是自身的一个元素。然后我们又假定，它不是自身的一个元素。在这种情况下，它就不是那些不是自身元素的类中的一个类，就是说，它是那些是自身元素的类中的一个类，即它是自身的一个元素。因此，这两种假定，即它是或者不是自身的一个元素，都会导致矛盾。如果它是自身的一个元素，它就不是自身的一个元素，而如果它不是自身的一个元素，它就是自身的一个元素。”

罗素认为，以上悖论是由于人们误将两种存在的东西，即殊相和共相混为一谈而产生的。“存在类［关系］的那种意义和存在殊相的那种意义是完全不同的，因为要是这两种意义完全一样，一个存在三个殊相因而有八个类的世界就是一个至少存在十一个事物的世界。”同样，要是这两种意义完全相同，就会产生不属于自身的类的类是不是属于自身这个无法回答的问题。罗素进一步指出，我们不但要把类和殊相区别开来，而且还要区别类的不同层次。“我们要从全部由殊相组成的类开始：它们是第一类型的类。然后我们要继续前进到其元素是第一类型的类的类：它们是第二类型的类。然后我们又要继续前进到其元素是第二类型的类的类：它们是第三类型的类，以此类推。”

同样地，对事实也需要作类似的分层处理。这对于避免悖论是必需的。这里涉及的所谓说谎者悖论比集合论悖论要古老得多。

“在这些矛盾中还另有一个我也可以提及的、最古老的矛盾，即爱匹门尼德所说的一句话：‘所有克里特人都是说谎者。’爱匹门尼德是一个熟睡六十年而不醒的人。而我相信，正是在那次午睡结束时他声明：所有克里特人都是说谎者。我们可以用下面的形式使这句话更简单明了：如果一个人作了‘我正在说谎’的陈述，他是否在说谎？如果他正在说谎，即是说他说了他正在干的事情，因而他说的是真的，而没有说谎；另一方面，如果他不是在说谎，那么显然当他说他在说谎时讲的就是真话，所以他正是在说谎，因为他真实地说出了他正在干的事情。这是一个古老的疑难。在发现它和是否存在最大基数或序数这样重要而实际的问题有关联之前，人们并不把它当回事，却视做开玩笑。这之后，人们才终于开始严肃地对待这些矛盾。说‘我正在说谎’的那个人实际上正在断言‘有一个我正断言的命题，而这个命题是假的’。这大概就是人们所说的说谎的意思。为了得出矛盾，我们必须将他的整个断言视做他的断言所适用的那些命题之一；就是说，当他说‘有一个我正断言的命题，而这个命题是假的’时，‘命题’这个词必须被解释为也包含‘有一个我正断言的命题，而这个命题是假的’这个命题本身。因此，你必须假定你有一个确定的总体，即诸命题的总体。但这个总体包含只能通过自身来定义的元素。因为，当你说‘有一个我正在断言的命题，而这个命题是假的’时，这个陈述唯有通过参照诸命题的总体才获得它的意义。你并没有说在世界上存在的所有命题之中的哪一个才是你正在断言的而且它是假的。因此它预设了命题的总体在你面前延伸，而且有某个命题（虽然你没有说是哪一个）正在被断言并且是假的。十分显然的是，如果你首先假定这种命题的总体在你面前展现，以至于你不必选出一个确定的命题就可以说‘我正在断言的这总体中的某一个命题是假的’，然而，当你必须继续说‘我正在断言这总体中的某一个命题是假的’时，这个断言本身就是你要从中选取的总体中的一个，那么，你就要陷入一种恶性循环。这恰恰是你在说谎者悖论中所遇到的情形。假定你首先给定一组命题，并且你断言其中的某一个命题正在被断言并且是假的，那么这个断言本身就变成这一组命题中的一个，因此，假定这组命题已经全部在那儿，这显然是谬误。如果你打算就‘所有命题’说些什么，你必须首先定义命题，其方式是：排除那些提到已经被定义的所有命题的命题。这就得出：在我们通常想使用‘命题’这个词的意义上，它是一个无意义的词。而且，我们必须将命题划分成组，并且可以对某一组的所有命题作出陈述，但是这些陈述自身不会是这一组的元素。例如，我可以说‘所有原子命题不是真就是假’，但此命题本身不是一个原子命题。如果你不加限制就试图说‘所有的命题或是真的或是假的’，你就是在说无意义的话，因为，假如它不是无意义的，它自身必须是一个命题，并且是包含在自身范围内的诸命题之一，因此刚刚阐明的排中律的命题就成了一种无意义的胡说。你必须将命题划分成不同的类型，你可以从原子命题开始，或者（如果你愿意）可以从那些完全不提到其他命题的命题开始。那么，你接着就可以得到那些提到你最初所持有的那种命题的命题。那些提到第一类型命题的命题，你可以称它们为第二类型命题，以此类推。”

“如果你将上述应用于那个说‘我正在说谎’的人，你会看到：那种矛盾已经消失，因为他必须说出他是什么类型的说谎者。如果他说，‘我正在断言第一类型的一个假命题’，事实上，这个陈述既然提到了第一类型命题的总体，因而就是第二类型。因此，他正断言一个第一类型的假命题，这一点不是真的，他仍然是一个说谎者。同样，如果他说，他正断言一个第30000类型的假命题，这是一个第30001类型的陈述，因而他还是一个说谎者。而要证明他不是一个说谎者的反证就不攻自破了。”

罗素对说谎者悖论的分析和对集合论悖论的分析有一个共同点，那就是认为“在每一种情况下，悖论的出现都是由于提到了一个不合法的全体（作了恶性循环推理），因而未能正确区分逻辑类型”。如果我们区分了殊相和类，区分了类的不同层次，区分了句子的不同层次，悖论就不会出现了。句子（罗素在这里不恰当地称为命题）是事实的语言载体，既然句子必须分层，它们所（正确地或错误地）断定的事实也必须分层。要得出必须对事实分层处理的结论可以用更简明的方法。正像我们可以把性质看成一位关系一样，我们也可以将事实看成零位关系；既然一般地说，不对关系进行分层会导致悖论，那么如果不对零位关系（罗素所说的事实）进行分层，也同样会导致悖论。

因此，当我们说罗素把事物分成三类（殊相、共相和事实）时，这只是一个粗糙的表述。如果考虑到罗素所指出的那些分层的必要性，我们可以说事物的逻辑种类有无穷多种：殊相，第一类型的类或事实，第二类型的类或事实，第三类型的类或事实，以此类推。让我们姑且满足于只谈三类事物，但一旦可能产生混淆，我们可以爽快地退回到更加全面的分类上来。

虽然事物可以分为殊相、共相和事实，但罗素对它们的态度看上去并不是一视同仁的。他在一次演讲结束后回答听众的提问时说：“所有那些类、类的类都是虚构，但它们在每一例子中都是不同的虚构。当你说‘存在殊相的类’时，‘存在’

这个陈述需要扩展并且要解释清楚，你会看到，它与你设想的东西是完全不同的东西。……只有一种最基本的维，这就是第一层关于殊相的维，然而，当你达到类这一层时，你离开存在的东西已经走了相当远的路程，恰如达到类的类所走的路程。在物质世界里实际上没有类。世界上有的是殊相而不是类。……一个命题对于一个事实的关系，完全不同于一个名称对于一个殊相的关系，正像你可以从以下事实中看到的：有两个命题永远与一个给定的事实相关联，而名称则不然。”

从这段话里我们读到两点。第一，殊相是最基本的事物，类以及更高层次的类在殊相是事物的意义上并不是事物，而只是虚构。第二，事实和殊相的基本不同在于，事实不能像殊相那样可以被命名，而只可以正确或错误地断定。这两点都非常重要，我们要分别谈一谈。

先说第一点。关于共相和殊相哪一个更基本，罗素的观点看上去是令人困惑的。一方面，他承认共相和殊相各有基本的实在性；另一方面，他又认为和共相处于同一逻辑类型的类是虚构的。在他 1912 年所写的《哲学问题》一书中有专门的一章“共相的世界”。在这一章里，他首先论证了共相的实在性：

“就事实而论，倘使有人很想完全否认有共相这种东西存在的话，我们就会发觉，我们并不能严格证明有诸如性质之类的实体存在，也就是说，不能证明有形容词和名词所表现的共相［一位关系］存在；但是我们却能够证明关系必然存在，也就是说，能够证明一般由动词和介词所表现的共相［多位关系］必然存在。让我们举共相白为例来说明。倘使我们相信有这样一个共相，我们就说东西所以是白的，是因为它们具有白的性质。然而这种见解为贝克莱（英国人，1685～1753）和休谟所竭力否认，后来的经验主义者在这方面都步他们的后尘。他们否认这种见解时所采取的形式是不承认有‘抽象观念’存在。他们说，当我们要思考白的时候，我们就在心灵中形成一个殊相，一个白东西的形象，并且对这个殊相进行推理，同时注意不要演绎出我们看不出在其他白东西上不成立的东西。如果作为对我们实际的心理过程的说明，毫无疑问，这大致是正确的。例如，在几何学中，当我们希望证明一切三角形具有某种性质时，我们就画一个特殊的三角形来进行思考，同时又注意不要利用它和任何别的三角形所并不分享的特点。初学者为了避免错误起见，往往觉得画上几个三角形才能有所帮助，而且尽量画得彼此不同，以便肯定他的思考可以同样适用于所有的三角形。然而，一旦我们自问怎样可以知道一件东西是白的、或者是一个三角形时，困难就立刻出现了。倘使我们希望避免用共相白和三角形，我们就得选择一块特殊的白或者一个特殊的三角形，而且要说，任何东西只要和我们所选择出来的这个殊相正好相似，那它就是白的，或者就是一个三角形。但是这时所需要的相似，也还必须是一个共相。因为白的东西有许许多多，所以这种相似就必须在许多成对的白色东西之间成立；而这正是一个共相的特点。说每对之间有不同的相似，这毫无用处；因为，如果这样，我们就必须说这些不同的相似都是彼此相似的，因此最后我们还是不得不承认相似是一个共相。所以相似的关系就必须是一个真实的共相。既然已经不得不承认这种共相，我们觉得就不值得再去创造一些困难的和讲不通的学说来避免像白和三角形这样的共相了。”

以上的论证是说，尽管一些共相（一位关系，即性质）可以用相似性来定义，但相似性仍是一个共相（二位关系），由于无法否定二位关系，因此共相毕竟是存在的。贝克莱和休谟因为看出性质可以用相似性来定义，所以否定了共相，但一旦认识到相似性仍是一个共相，这种否定就失败了。另外，罗素指出，共相虽然是抽象的，然而却是客观的，绝不是观念或思想之类的主观的东西，因为观念或思想恰恰不是共相，它们是特殊的东西。“如果白是和客体相对立的思想，那么不同的两个人就不能对它加以思考了，同一个人也就不能把它思考两遍。种种对于白的不同的思想共有的乃是它们的客体，而这个客体和所有这些思想并不相同。因此，共相不是思想，尽管它们是在作为思想的客体的时候才为人所认识。”

在这一章的最后，他要求我们对殊相和共相予以相同的重视，而不要像柏拉图那样厚此薄彼：

“我们将会发现，将‘实存’仅用来谈论在时间之内的事物，也就是说，用来谈论能够指出它们存在的时间的那些事物（这并不排除事物永久存在的可能），是很方便的。因此，思想和感情、心灵和物质客体，都是实存的。但是共相并不是在这种意义上存在着；我们要说，它们是潜存的，在这里，‘潜存’

是超时间的，和‘实存’相对立。因此，共相的世界也可以说就是潜存的世界。潜存的世界是永远不变的、严格的、确切的，对于数学家、逻辑学家、形而上学体系建立者和所有爱好完美胜于爱好生命的人们，它是可喜可悦的。实存的世界则转瞬即逝、模糊不清，没有确定的界限、没有任何明显的计划或安排；但是它却包罗着所有的思想和感情，所有的感觉材料和所有的物质客体，所有可以为善也可以为恶的事物，所有对人生和世界的价值有意义的事物。根据我们的性情，我们可能喜欢其中的一个世界而不喜欢另一个世界。我们所不情愿选择的那个世界大概就是我们情愿选择的这个世界的淡淡的影子，不论就哪种意义来说，它几乎都是不值得视为真实的。但是事实上，这两个世界都要求我们的无偏向的注意，两者都是真实的，对于形而上学者都同样重要。”

既然罗素认为共相和殊相虽然是两种不同类型的存在，但却有着各自的根本性，他为什么又声称类是虚构的呢？我们前面谈到，在罗素看来，类可以还原为性质或关系。既然类是虚构，那么性质和关系，也就是共相，自然也应该是虚构了。所以表面上看来，罗素的态度有点不可思议，一方面承认共相的存在性，另一方面又不承认可以还原为共相的类的存在性。这里的原因有两个。第一，罗素对实存持批判的态度而对潜存持放任的态度，前一种态度以后在讲述他的摹状词理论时会谈到，后一种态度在《哲学问题》一书里有很好的注解：“几乎所有能在词典里找到的词都代表共相。”第二，在罗素的著作里，类曾一度占据了实存的地盘，而与性质和关系这样的潜存物相对立。但罗素后来感到，实存的地盘里是不能包含类的，因为类无论如何都是抽象的东西。

如果是这样也就罢了。确实，由于逻辑类型的不同，殊相和共相是两种事物，而不是一种事物。共相在殊相是事物的意义上不是事物，而只是虚构。共相和殊相的虚构性完全是相对的：对共相来说殊相是虚构的，对殊相来说共相是虚构的。但在另一些场合下，当罗素讲到类是“虚构”时，他是完全在字面上使用“虚构”这个词的，就像我们会说小说中的人物是作家的虚构一样。他不满足于用共相来定义类，而是进一步地用命题函项来定义类。

什么是命题函项呢？“一个命题函项不过是这样一个表达式，它包含一个未确定的成分，或者几个未确定的成分，只要未确定的成分一经确定，它就变成一个命题。如果我说，‘x 是一个人’或者‘n 是一个数’，这是命题函项；任何代数公式也是这样，比如说‘$(x+y)(x-y)=x^2-y^2$’。”关于类的定义，他说：“一切类都为某个命题函项所定义，这些命题函项对于类的分子为真，对于其他东西是假。”

从实质内容上看，这里所说的与前面所说的用性质定义类并没有什么不同。还是以前面的例子来说明。一方面，张三、李四和王五所组成的类是由“（是）张三或者李四或者王五”表示的性质所决定的；另一方面，张三、李四和王五所组成的类是由“x 是张三或者李四或者王五”这个命题函项所决定的。

不同之处在于，命题函项是语言表达式，而性质是超语言的实体，而这正好表明罗素不自觉中把命题函项与性质混淆起来了。这种混淆解释了罗素对潜存的放任和漠视的态度；如果潜存只是命题函项这样的语言表达式，那么不加批判地承认它们又何害之有呢？如果能看清这种混淆，他就不会认为类在小说中的人物是虚构意义上的虚构了。如果钱钟书没有写围城，那么就没有方鸿渐；但即使没有一个人意识到人类，人类仍然存在。

进一步地，罗素用性质来定义类的做法也是成问题的，他自己也意识到了这个问题。类当然可以由性质来决定，但并不就是性质。不同的性质可以决定同一个类。理性的动物和无毛两足的动物这两种不同的性质都可以唯一决定人类这个类，但这两个性质却是不同的。类和性质的差别在于，类是外延的，即类是由组成它的元素所唯一决定的；但性质不是外延的而是内涵的，即并不能通过指派性质所适用的对象来确定它，理性的动物和无毛两足动物虽然具有相同的适用对象，但却不是同一个性质。类和性质间的差异后来引起了到底是只承认外延对象，还是同时也要承认内涵对象的激烈争论。这个问题在弗雷格的哲学里更加凸显。弗雷格严格区分了表达式的两种意义：内涵意义和外延意义。把这个区分运用到谓词，那么它的内涵意义和外延意义正好就是性质和类。关于内涵实体和外延实体的争论至今仍在继续中，未有定论。本人在这个问题上追随美国哲学家奎因，是一个外延主义者，即只承认外延对象而不承认内涵对象。

撇开细节不论，我们可以得出结论，罗素对共相和殊相实际上是一视同仁的。虽然不能将这两种存在物相提并论，它们属于不同的逻辑层次，但它们在各自的层次上都是实在的。

现在我们来谈第二点，关于事实的逻辑地位。殊相和共相之所以有区别，是因为表达它们的语言表达式（在句子中）的逻辑类型不一样。同样，事实这种特殊的实体（虽然罗素说过事实不是实体这样的话，但那只是因为罗素把实体理解为殊相或共相的缘故，我们这里的"实体"或"事物"一词可以用来同时指这三者）之所以不同于殊相和共相，是因为表达它的语言表达式——句子——在逻辑类型上既不同于主词也不同于谓词。

我们在前面看到，罗素将谓词的所指看成内涵性的性质或关系，而外延性的类因为占据了实存的地盘，罗素必欲置之死地而后快。同样在句子的层面，也有这种内涵和外延相对立的情况。这一点又是在弗雷格那里表现得特别引人注目。在弗雷格看来，一个句子的内涵意义就是它所表达的命题（弗雷格称为"思想"），而其外延意义则是这个句子的真值。后来，卡尔纳普（德国人，1891~1970）甚至把这种对立扩展到了主词，他发展了弗雷格关于主词的含义和所指之间的区别的思想，将弗雷格笼统地规定为"所指的表示方式"的含义发展成了个体概念这个明确的内涵对象。这样，相应于主词，我们有个体概念和个体与之对应；相应于谓词，我们有性质和类与之对应；

相应于句子，我们有命题和真值与之对应。每一个词都有两个所指，一个是内涵对象，一个是外延对象。

罗素并没有接受弗雷格在表达式、表达式的内涵意义和表达式的外延意义三者之间作出的区别。他只谈表达式及其意义。对内涵对象和外延对象之间区别的忽视，使他所承认的三类对象并不统一是外延的或是内涵的。对应于主词的殊相是外延的，而对应于谓词的共相是内涵的。对应于句子的事实也是内涵的，其实也就是真命题：所有的事实（真命题）都指向弗雷格所说真这个唯一的对象，但这些事实（真命题）却可以是不同的事实（真命题）。

但是，很显然，只有真值为真的句子才能对应一个事实，真值为假的句子并不能对应一个事实。照罗素的说法，任何表达式的意义都在于一个超语言的对象，现在真值为假的句子并没有这样一个超语言的对象与之对应，难道我们要宣布真值为假的句子无意义吗？

罗素在《逻辑原子主义哲学》一文中这样回答这个问题：

“命题不是事实的名称。（此处的“命题”指句子。由于对潜存的忽视，罗素常常将句子和句子的含义不加区分地称为命题，到底指哪一个我们可以根据上下文来判断。）一旦向你指出这一点，它就是非常显而易见的。但是，事实上我从来没有认识到这一点，直到我从前的一个学生——维特根斯坦——向我指出这种观点。一旦你想到这一点就会完全明白，一个命题并不是一个事实的名称，这是从符合每个事实的有两个命题这个纯粹事实中推论出来的。假定苏格拉底死了是一个事实。你有两个命题：‘苏格拉底死了’和‘苏格拉底没有死’。而且，这两个命题对应于同一个事实，而世界上只有一个事实使一个命题真，使另一个命题假。这绝不是偶然的，而且这说明命题对于事实的关系如何完全不同于名称对于被命名的事物的关系。对于每一事实存在两个命题，一个命题真而另一个命题假，但在符号的性质上无任何东西能向我们证明哪一个是真命题。

“正像你注意到的，一个命题对一个事实可以有两种不同的关系：一种是你可以称之为对于事实是真的关系，另一种是对于事实是假的关系。二者都同样是本质上的逻辑关系。这种逻辑关系可以实存于二者之间。反之，对于名称来说，就只存在一种关系，即名称对它所命名的东西能够具有的关系。一个名称刚好能命名一个殊相，或者说，如果它不命名一个殊相，它就根本不是一个名称，而是声音。倘若不具有刚好是命名某一事物的一种特殊关系，它不可能是一个名称；反之，一个命题如果是假的，它还是作为一个命题。有这样两种方式：是真和是假的方式，它们一起相应于是一个名称这一特性。就像一个词可能是一个名称，或者不是名称而是无意义的声音一样，一个显然是命题的词组可能是真的或假的，或者可能是无意义的。但真和假共同属于无意义的对立面。当然，这就说明命题的形式逻辑特性完全不同于名称的形式逻辑特性，而且也说明它们对于事实的关系也是完全不同的，因此，命题不是关于事实的名称。你不可贸然接受这种念头：你可以用其他的方式命名事实；但你却做不到这一点。你根本不能命名它们。你不能适当地命名一个事实。你所能做的唯一的事情是肯定它或否定它、欲求它或用意志力驱使它、希冀它或质询它，但是这一切都要涉及完整的命题。你绝不能将那类使命题成为真或假的东西置于一个逻辑主词的位置。你只能使其作为要被肯定或否定的某个事物，或者诸如此类的事物，但绝不是要被命名的事物。”

罗素的上述辩解的核心是：事实不能被命名，因此句子和事实对应的方式与名称和殊相对应的方式不一样：一个名称命名一个对象，而一个句子和它的否定句则对应同一个事实。这个辩解是完全不能被接受的。首先，这里所表达的观点本身就是错误的。既然“苏格拉底活着”和“苏格拉底没有活着”这两个句子都对应着同样的事实，那么这两个句子就应该有同样的意义，这是明显不对的。第二，罗素在这里强调句子和名称的区别也是文不对题的。谓词也不是名称，但在罗素那里和性质或关系只有一对一的关系，那么作为谓词退化形式的句子（可以看成零位谓词）为什么就要和事实发生二对一的关系呢？这明显是一个特设性（事后诸葛亮式）的说明。

如果罗素直接认为句子的意义就是命题，那上面的麻烦就不存在了。但罗素为什么不这样做呢？我们在《逻辑原子主义哲学》一文中读到：“命题显然什么也不是。在我看来下面这个说法是很不合理的：当事实上今天是星期二时，除了事实之外还有一些诸如‘今天是星期三’这类奇怪的暧昧的东西。我不能相信这样的东西流传在真实的世界中。若假定真实的自然界中存在着一整批流传的假命题，在我看来简直是荒谬可笑至极。”原来，如果认为句子的意义就是它所表达的命题，那么当要考虑的句子的真值为假时，他将被迫承认假命题的存在，而这是他所不情愿的。这个偏向其实是没有什么根据的。如果命题什么也不是，那么无论是真命题（事实），还是假命题，都什么也不是。但是如果承认了真命题（事实），那就没有什么理由不承认假命题，因为它们完全属于同一个逻辑类型。

罗素从来都没有真正认清事实的逻辑地位。在《逻辑是哲学的本质》（1914）一文中，他说：“当我谈到一个‘事实’时，我不是指世界上的一个简单的事物，而是指某物有某种性质或某些事物有某种关系。因此，举例来说，我不把拿破仑叫做事实，而把他有野心或他娶约瑟芬叫做事实。”在《逻辑原子主义哲学》一文中，他也表示了类似的观点：“当我谈到一个事实时，我不是意指一个特殊存在的事物，诸如苏格拉底、下雨，或者太阳。”这说明他是注意到事实和殊相的区别的：事实不是殊相。但他并不总是能意识到两者的区别。在《逻辑原子主义哲学》一文中，仅距离上面的引文不到一页的地方，他说：“你必须重视我叫做事实的这些事物，它们是那种你用一个句子表达的事物，而这些正像特殊的椅子和桌子一样是真实世界的一部分。”如果我们对比前面他在谈到类和殊相时所说的话：“所有那些类、类的类都是虚构……世界上有的是殊相而不是类。”我们就能感觉到他对类的态度和对事实的态度完全不同，他实际上是把事实看成和殊相一样的有时空性质的实存物。他之所以拒绝类，那是因为它的抽象性，所以不配占有实存的地盘。但实际上，事实也是完全抽象的，用罗素的例子来说，我们在这个世界上可以找到拿破仑，可以找到约瑟芬，但到哪里去找拿破仑娶了约瑟芬这个事实呢？

我们的这种感觉是对的。果然他在三十年后的《人类的知识》一书中写道：“世界上的每一件事物我都把它叫做一件‘事实’。太阳是一件事实；凯撒渡过鲁比康河是一件事实；如果我牙痛，我的牙痛也是一件事实。”他举的例子中，太阳和牙痛是我们宁愿叫作殊相的东西，但现在被认作和凯撒渡过鲁比康河一样是一件事实。

“事实”这个概念对罗素哲学的重要性在于它被用来定义真理：真理就在于与事实的符合。但实际上，这个定义完全是个虚假的定义。真理在于与事实的符合，那么，什么是事实呢？我们大概只能回答：事实是句子为真时所表达的内容或句子为假时所否定的内容。这里的循环是明显的。如果我的看法是正确的，那么，罗素对融贯论和实用主义的真理理论的反驳全都是站不住脚的。我这样说，并不是说我赞同后两种理论，而只是说用一个空洞的定义不能反驳任何东西。罗素之所以提出这个空洞的定义，归根到底还是因为他没有真正弄明白事实的逻辑地位；如果他能看出他所说的事实其实就是真命题的话，那么他的真理定义的空洞性就太明显了。

罗素最大的混乱在于他未能处处把对各种逻辑类型的辨明和对这些逻辑类型存在性的断言这两者区别开来。认识到殊相、共相和事实在逻辑类型上的差别是很重要的，虽然我们在上面看到他在这方面的分析并不都是正确的（对性质和类，对命题和事实的分析就是如此）。但无论如何，这从本质上讲只是语法上的事情，是关于“殊相”“共相”“事实”等词汇意义的澄清，而要不要承认这些不同类型的事物或实体，完全是另一回事。罗素有时意识到这两者的区别，比如他说“类型理论不是关于事物而是关于符号的理论”，但他常常不能自觉地贯彻这一点。殊相的存在被他视为当然，这一点其实只是一个未经批判的常识而已。共相的存在是一个非常有争议的问题，因为常识中根本没有现成的答案。我们看得很清楚，前面大段引述的罗素对共相存在的论证其实只是对共相这种逻辑类型的说明，只是对性质如何可以用关系来定义的说明。事实上，无论是承认殊相，还是承认共相，还是其他的任何东西，其理由都不能由逻辑分析本身给出。

第 7 章

逻辑原子

在上一章中，我们介绍了罗素的逻辑类型理论。他区分了殊相、共相和事实这三种不同种类的事物或实体。他认为虽然这三种实体在逻辑类型上完全不一样，但在各自的意义上都是存在的。我们指出，这是一种混淆，是把语法上的澄清等同于存在性的断定。一方面，他并没有提出任何关于殊相、共相和事实存在的论据；另一方面，他也没有提出任何拒斥类和命题的有力的证据。

罗素不仅断言存在着殊相、共相和事实，而且进一步断言存在着简单的终极的殊相、共相和事实。但只有最简单的殊相和共相才被称为逻辑原子，而事实总是复杂的。即使是原子事实，即对最简单的殊相拥有某个最简单的性质，或若干最简单的殊相之间适用于某个最简单的关系的真断言，也仍旧是复杂的，因为它是由殊相和共相复合而成的。假定“Rabc……”是真值为真的原子命题，那么它所对应的事实就在于逻辑原子 a、b、c……R 的复合。逻辑原子主义的主张，简单说来便是：复杂的殊相和共相是逻辑原子的逻辑构造，复杂的事实则是原子事实的逻辑构造。

显然，原子事实的存在是以逻辑原子，即最简单的殊相和共相的存在为前提的。下面我们要讨论两个问题：第一，在假定共相和殊相存在的情况下，它们是否可以归约到逻辑原子？第二，假定第一点得到了肯定的回答，又假定存在着事实，那么所有事实是否都可以归约到原子事实？这两个问题的肯定回答是作为一种本体论的逻辑原子主义所必须满足的。

我们从第二点开始谈起。根据罗素的说法，对于任何一个原子事实，都有两个原子句（罗素称为原子命题）与之对应，其中一个真值为真，另一个真值为假。让我们假定“p”“q”是这样两个原子句，那么我们可以构造出“p 和 q”“p 或者 q”这样的句子。这些句子被称为分子句。“我用分子命题意指具有‘或者’（or）、‘如果’（if）、‘和’（and）等等这类词的命题。”这些词的功能是用来联结两个句子，而且具有下面这个特点，那就是由它们联结而成的复杂句，其真值完全取决于它们所联结的句子的真值。或者更专业地说，所谓分子句，就是指原子句的真值函项。分子句“p 和 q”是真的当且仅当“p”和“q”同时为真，是假的当且仅当“p”和“q”不同时为真；分子句“p 或者 q”是真的当且仅当“p”和“q”不同时为假，是假的当且仅当“p”和“q”同时为假；等等。

人们可能会想到，正如原子句以或真或假的方式对应着一个原子事实一样，分子句（我们以“p 和 q”为例）也一定以或真或假的方式对应着一个原子事实以外的分子事实。如果是这样，逻辑原子主义就完蛋了。但罗素安慰我们，在原子事实以外并没有分子事实，从上面的分析中可以看得很清楚：“p 和 q”这个句子的真或假无须依赖于“p”和“q”所对应的事实以外的事实，而是完全依赖于这两个事实。罗素并不是否定分子事实的存在，而是认为分子事实可以化归为原子事实，或者分子事实是原子事实的逻辑构造（他有时也说“逻辑虚构”这个误导人的词）。

但罗素并不是对所有真值函项连接词都有这样的信心。他认为没有必要因为使用了“和”“或者”这样的连接词而假定分子事实在原子事实以外的独立存在。但他坦言他对“不”（not）有顾虑。“不”这个连接词用来形成否定句。他在《逻辑原子主义哲学》一文里这样表达他的顾虑：

“存在否定的事实吗？你可以认为‘苏格拉底没有活着’是一个否定的事实，但是到底有没有这样的事实呢？迄今为止我的讲话中一直肯定存在着否定的事实。例如，如果你说‘苏格拉底活着’，在真实的世界中对应这个命题的是苏格拉底没有活着的事实。人们对否定事实有某种反感情绪，这种情绪促使你希望不要有‘p 或者 q’这样一个事实在世界中流行。你有这样一种情绪：只存在肯定的事实，而且否定的命题总有办法由肯定的事实来表达。我在哈佛作关于这个问题的讲演时，我论证说存在否定的事实，而这个观点几乎引起一场骚乱：听讲的这一班人大概从来没有听说过有否定的事实。我仍然倾向于认为有这种事实……但这是一个很困难的问题。实际上我只是请求你们不应当武断独行。我并没有肯定地说存在否定的事实，而是说也许存在……总的说来，我倾向于相信存在否定事实，而不存在析取事实。”

让我们考虑分子句“不 p”。假定这个句子的真值为假，那么显然它是以否定的方式对应着“p”所肯定的事实，为了说明这个句子的假没有必要假定在这个肯定事实以外的事实。问题出在“不 p”为真的情形。在这种情况下，对应于“不 p”和“p”的事实是什么呢？显然是一个否定事实，即由“p”所否定的事实。这个否定事实同时说明了“p”的假和“不 p”的真。否定事实显然也是分子事实，因为表达否定事实的句子“不 p”根本不是原子句，而是分子句，即是由“不”和原子句复合而成的分子句，但否定事实却不能化归为原子事实，即不能化归为原子句所肯定的事实。

这看来是不合理的。如果原子事实能说明析取事实和合取事实（即分子句“p 和 q”和“p 或者 q”为真时所表达的事实），它们也应该能说明否定事实。在罗素提出这个困难后，有人进行过努力，试图用原子事实来解释否定事实，但并不成功。

这里的困难是来自罗素只承认事实不承认命题，而实际上事实只是真命题。全部困难都在于不能对真命题（事实）和假命题同等看待。如果认清了这一点，罗素的逻辑原子主义本来可以走得更远一点，至少不会卡在否定的事实这个坎上。只要我们能对真的原子命题（原子事实）和假的原子命题一视同仁，即只要以原子命题而不是以原子事实为出发点，上面的困难就根本不存在：“不p”不论真假，它所表达的命题都可以由“p”所表达的原子命题来解释，就像“p和q”所表达的命题也完全可以由“p”和“q”所表达的原子命题来解释一样。

如果能走到将真假命题同等看待这一步，离不承认它们，即既不承认真命题（事实），也不承认假命题就只差一步了。因为，我们看得很清楚，以上对命题的分析完全依赖于对句子的分析，实际上是对复合句和成分句真值关系的分析。分子命题是原子命题的真值函项完全是建立在分子句是原子句的真值函项这一定义的基础上的，因此假定存在着非语言的命题实体完全是多此一举。

以命题为出发点可以克服否定的事实所带来的困难。但逻辑原子主义的困难并不只此一个。另一个困难，即关于普遍的事实的困难，也是由罗素首先提出来的。他在《逻辑原子主义哲学》一文中说：

“有像‘这是白的’这样的特殊事实；也有像‘所有人都有死’这样的普遍事实。当然，在特殊事实和普遍事实之间的这种区别是极其重要的。倘若设想你只是用特殊事实就能完满地描述这个世界，那就会再次铸成大错。假定你成功地记述了整个宇宙中的每一个单一的特殊事实，而且宇宙中任何地方不再有你没有记载的任何种类的单一的特殊事实，你仍然不会获得关于宇宙的完满的描述，除非你又添上一句话：‘我记述的这些全都是存在的特殊事实。’因此，倘若不是既有特殊事实又有普遍事实，你就不能希望完满地描述这个世界。”

普遍事实并不能还原为原子事实。即使普遍句“所有A都是B”的论域只涉及有限多个殊相A1、A2……An，这个句子在逻辑上也并不等价于“A1是B，而且A2是B，……An是B”。因为普遍句断定了比后面这个合取句更多的内容，这个内容就是：除了A1、A2……An而外，没有什么东西是B了。这个额外的内容无法用原子事实解释掉。在论域为空或无限多个殊相的情况下，除了上面这个困难外，还有殊相无法一一列举的困难。由于这些困难，罗素认为除了在原子事实而外还存在着普遍事实。

这个困难和原子句的范围过窄有关系。在罗素那里，只有一个句子可以被分析为原子句的真值函项时，我们才能认为这个句子所对应的命题可以被还原为原子命题。但如果原子句只能是主谓句和关系句，那么普遍句（以及存在句“有A是B”）所对应的命题就不能被认为可以还原为原子命题。

要克服这个困难，只有扩大原子句的范围，使之不仅包括主谓句和关系句，而且也包含普遍句和存在句，只要这些句子不是分子句（不是主谓句和关系句的真值函项）而且只包含一个简单谓词（这些句子并无主词）即可。具体说来，就是原子句的结构可以是“Pa”“Rab”“Habc”等，还可以是“（x）

(Px)”“(x)(y)(Rxy)”“(x)(y)(z)Hxyz”等。实际上，后者是更根本的，即主谓句和关系句都可以看成普遍句或存在句的缩写形式，这是罗素的摹状词理论所导致的后果，参见下一章。

罗素还提出了另一个困难，这个困难更加棘手。这就是形如“A 相信 p”（“p”是一个句子）这样的句子（命题态度句）的解释问题。这个句子和前面讨论过的句子的不同之处在于，它不能看成是它的成分“p”的真值函项，即它的真值并不完全取决于其成分句的真值。假定“张三相信 9 大于 7”是真的，但它之为真并不完全取决于“9 大于 7”的真值。如果是这样的话，只要用任何一个真值和它一样的句子代替它，将不会影响复合句的真值。显然“太阳系的行星数目大于 7”和“9 大于 7”具有相同的真值，但如果张三碰巧不知道太阳系的行星数目是 9 的话，“张三相信太阳系的行星数目大于 7”却是假的。这说明，有些复合句是不能还原到它的成分句的，或不能视作它的成分句的逻辑构造。应用罗素的“事实”概念，就是：有些事实（特别是命题态度句和使用了“必然”“可能”这些词的模态句所表达的事实）是不能还原为原子事实的。

罗素一度提议，“A 相信 p”所表达的命题可以用 A 的行为倾向来解释，句子“p”所表达的命题并不是这个行为倾向的一部分，真正和这个行为倾向有关的是句子“p”这个具体的对象。这等于是说“A 相信 p”并不是以“p”为成分的复合句。如果这种解释能被接受，那么在语句分析层面上的逻辑原子主义，即任何语句都可以分析为原子句的真值函项的观点，仍是可以坚持的。这个问题，后来被明确为语句的“处延性原理”能否在看上去的内涵语境（非外延语境）中成立这样一个问题，学术界至今仍没有定论。

罗素对原子事实、分子事实、普遍事实、存在事实，以及非真值函项的语句所对应的事实的分析，让我们看清了以下几点：第一，事实、命题这些内涵实体在分析中并不起作用，分析不借助于这些概念也能进行。第二，存在着大量可以还原为原子句（在扩大的意义上）的复合句，在这种情况下，复合句只是它们的成分句的真值函项，即它们的真值完全取决于成分句的真值。第三，是不是所有复合句都可以还原为原子句，这是一个有争议的没有定论的话题。因此，逻辑原子主义的第二个观点，即一切事实都可以还原为原子事实的观点，经过合理的澄清，转化成了外延性原理。这个原理大体上是站得住脚的。由于这个原理并没涉及“事实”的概念，因此它的有效性与逻辑原子存在与否是无关的。

现在我们回过头来谈第一点：假定存在着殊相和共相，它们是不是可以还原为逻辑原子？逻辑原子就是最简单的殊相和共相。罗素声称存在这样的原子，哲学分析的目的就在于找到这样的原子。他在《逻辑原子主义哲学》的第一讲中就说：“我称自己的学说为逻辑原子主义的理由，是因为我想在分析中取得的作为最终剩余物的原子并非物质原子，而是逻辑原子。某些这样的原子就是我称为‘殊相’的东西（诸如很小的颜色片、声音、瞬间的事物），而还有一些原子是谓语［性质］或者关系。其要旨在于我想取得的某种原子不是物理分析的原子，而是逻辑分析的原子。”在最后一讲中他说：“按照逻辑原子主义的观点，倘若不是从实际上，至少从理论上，你就可以开始认真处理最终的简单之物。”

在更早的一篇论文《分析的实在论》中，他说：“我所倡导的哲学是分析的，因为它认为人们一定会发现复杂的东西的简单的组成部分，复杂的东西事先假定了简单的东西，但简单的东西并没有事先假定复杂的东西……我相信宇宙间有简单的存在物，复杂的存在物就在于简单的存在物之间的各种关系。只要 a 与 b 存在着某种关系 R，那么就有一个‘aRb’所表示的复杂的存在物……你会注意到这种哲学是逻辑原子主义的哲学。每一个简单的实体就是一个原子。”

现在我们就来看看存在着逻辑原子的理由有哪些。

概括地说，罗素似乎是提出了两类论证。一类是先验的论证，一类是经验的论证。先验的论证涉及对复杂之物的理解：说一个东西是复杂的，已经假定了这个东西是有组成部分的。在 1924 年的《逻辑原子主义》一文中他说：“我承认，复杂的东西必定是由简单的东西组成的，虽然成分的数目也许是无限的。”但是，这并不是一个很有说服力的论证。我们可以承认，复杂的东西是有组成部分的，其组成部分是比一开始要分析的复杂的东西要简单的，但复杂的东西的组成部分本身也可以是复杂的，即也是有组成部分的，而且复杂的东西的组成部分的组成部分也仍然可以是复杂的，这个论证过程可以一直进行下去，我们无法得到简单之物。这一点罗素自己最终也认识到了，即不能纯粹因为存在着复杂之物就断言一定存在着简单之物，复杂和简单的区分只是相对的。

另一个先验的论证涉及分析的性质。随着分析的进行，我们会到达逻辑上越来越原始的概念。分析总要在某处结束，这时所达到的概念无法再往更原始处追究了，这样的概念所代表的事物就被认为是最简单的。罗素有时确实是把逻辑原子理解成“分析的极限”或“分析的最终剩余物”的。但是即使在20世纪一二十年代逻辑原子主义的鼎盛时期，他也依然承认“复杂的事物可以被无限分析下去”的可能性。

在先验的论证之外，还有经验的论证。按照罗素的看法，分析过程结束后的剩余物在认识论的意义上一定是简单之物，即我们可以亲知的东西。而我们可以亲知的东西主要是当下的感觉材料及其性质。罗素唯一举为逻辑原子的例子就是感觉材料（“很小的颜色片、声音、瞬间的事物”），于是很多人都把感觉材料当作逻辑原子。但在更多的场合下，罗素都强调感觉材料一般说来是复杂的。我们可以亲知一个感觉材料而没有亲知到它的组成部分，甚至都没有意识到它是复杂的。进一步地，在认识论意义上的简单之物和在本体论意义上的简单之物并不是一回事。罗素本人有时也有这种混淆，正是这种混淆才使别人把他的逻辑原子解读成感觉材料。关于这一点，在第九章中还要详细分析。

因此，虽然有显著的证据表明，罗素确实曾经相信过逻辑原子的存在；但同样明显的是，他并没有为这种信仰给出充分的证据。事实上，他也并不十分看重这个问题。在《逻辑原子主义哲学》一文中，他说："我认为完全有可能假定：复杂事物可以作无限分析，而你绝不能达到简单的事物。虽然我并不这样看，但这当然是人们可以辩论的一个话题。"随着时间的推移，罗素越来越强调他的逻辑原子主义看重的是相对的简单之物，而不是绝对的简单之物。1922 年，他在回答别人对简单之物的质疑时这样说："说到'通过抽象分析找寻"简单的"或基本的元素'，这是一个大问题。首先，'简单'不能在绝对的意义上来理解；'比较简单'是一个更好的词。当然，如果能达到绝对的简单之物，我会非常高兴的，但我认为这不在人类的能力范围之内。我所坚持的是，只要某个东西是复杂的，那么发现了它的组成成分便是推进了我们的知识，即使这些组成成分本身也仍然是复杂的。"

历史地看，作为一种本体论的逻辑原子主义是对长期统治西方哲学的黑格尔及其门徒的一元论世界观的反动。那种世界观说世界是一个不可分割的整体，任何对这个整体的割裂都是不真实的幻象。罗素指出，这样一种世界观并不像黑格尔想象的那样是逻辑的必然结果。世界到底只是一个事物，还是有多个事物，抑或只是一场虚无的梦，这并不能由逻辑作出裁决。世界是一个不可分割的整体，虽然违背常识的直觉，但在逻辑上是能说得通的，黑格尔的错误不在于他认为世界是一个不可分割的整体，而在于他认为这是逻辑的结论。罗素表明，假定世界是由许多相互独立的事物所组成，这种说法在逻辑上也是能说得通的。至于本体论意义上的逻辑原子，就像本体论意义上的不可分割的整体一样，都不是逻辑分析本身所能论断的事情。

在《人类的知识》一书中，罗素这样总结他的立场：

“如果世界是由简单的东西——即没有结构的事物、性质和关系——所组成，那么不仅我们的全部知识，就连全知全能的上帝的知识恐怕都可以用表示这些简单的东西的词来表示。我们将能把世界分为材料（用威廉·詹姆士的说法）和结构。其中材料将由所有用名称表示的简单的东西组成，而结构则将依靠由我们最小量用语中的词所表示的性质和关系。这个观念的应用可以无须假定绝对简单的东西的存在。我们可以把我们不知道是复合结构的东西定义为‘相对简单’的东西。如果以后发现了复合结构，通过应用‘相对简单’这个概念得到的结果将仍然是正确的，只要我们不对绝对简单作出任何肯定。”

罗素认为，即使不存在终极的简单之物，即使不存在通过分析可以原则上到达的实在的最基本的层次，这也并不会影响分析的有效性。在当前可以达到的分析的最深层面上，我们仍可以将这个层面的句子叫作原子句，主词和谓词叫作原子词汇，即使它们所代表的事实、殊相和共相从本体论上讲并不是最简单的。“关于分析能否到达简单之物的整个问题是不必要的。”因此，对罗素来说，他更重视作为一种分析方法的逻辑原子主义，而不是作为本体论的逻辑原子主义。罗素在明确表示放弃存在着本体论意义上的逻辑原子之后，仍一直声称自己是逻辑原子主义者。

第 8 章

“存在”的含义

在第六章中我们看到，罗素在一个句子中区分了三类不同的表达式：主词、谓词和句子。对应于这种区分，他区分了三类不同的事物：殊相、共相和事实。这种对应关系来自他的一个根本观点：任何有意义的词都代表一个事物，那个事物就是这个词的意义。

罗素的这个观点在哲学史上有着悠久的传统，它实际上是以词指物这一常识观点的精致化和漫画化。在哲学史上最早像罗素这样思考的人是古希腊哲学家巴门尼德。存在与思维的同一性这个著名的说法就出自他，意思是说，我们想到的任何东西都是存在的，他说他完全无法理解相反的观点，他反问说，不存在的东西也就是无，我们如何能想到呢？

如果认为每一个有意义的词都指称一个超语言的对象，我们会立即陷入矛盾中。我们都知道，这个世界上不存在飞马。

但是另一方面，如果飞马不存在，那么我们在使用“飞马”这个词时就没有谈到任何东西，因此，即使说飞马不存在，那也是没有意义的。按照巴门尼德的逻辑，非存在的东西一定也是存在的，这就是著名的“非存在之谜”。

罗素也遇到类似的困境。他写道：“我们来看‘A 异于 B’这个命题。如果这是真的，那么在 A 与 B 之间便实际上存在着一种差别，这个事实可以以‘A 和 B 之间的差别存在’这种形式来表示。但如果这是假的，那么在 A 和 B 之间实际上不存在差别，这个事实可以表述为另一种形式：‘A 和 B 之间的差别不存在’。但一个不存在的东西怎么能成为一个命题的主词？由此看来，在任何时候，要否定任何东西的存在必然是自相矛盾的。这样，如果 A 和 B 没有差别，那么随便我们设想有‘A 和 B 之间的差别’这样的对象，还是设想没有这样的对象，看来同样都是不可能的。”

不存在的东西一定是存在的，这无疑是个悖论，但这个悖论一直没有得到很好的解决。比罗素稍前的奥地利哲学家迈农（1853~1920）对这个悖论的态度很有代表性。他在他的本体论中索性坦率地承认了非存在物，结果在他的世界观里拥挤地住满了各种奇怪的实体，包括金山、方圆、怪物，以及诸如此类的东西。罗素在抛弃了黑格尔哲学后曾一度接受了他的学说。他曾经这样写道：“存在是每个可能的思想对象的性质。数、荷马诸神、关系、怪物，以及四维空间都有其存在，因为如果它们不是某一种东西，我们就不能形成关于它们的任何命题。

你一旦提及任何东西，你就表明了它是存在的。”但后来一种他称为健全的实在感的东西终于使他对这种观点发动了抗议。“有人，例如迈农，认为我们能够谈论‘金山’、‘方圆’等等。我们以这些东西为主词而形成的命题可以是真的，所以它们必定有某种逻辑上的存在，否则它们出现于其中的那些命题便是毫无意义的。在我看来，在这样一些理论中，缺乏那种甚至是最抽象的研究也应当保持的实在感。我倒是认为，既然动物学不能承认独角兽，逻辑学也就同样不能加以承认。因为逻辑学虽然具有较为抽象和一般的特点，但它与动物学同样真诚地关心实在世界。说独角兽存在于纹章中，存在于文学中，或存在于想象中，乃是最可怜、最不足道的遁词。在纹章中存在的不是一个有血有肉之躯的、能自己行动和呼吸的动物，而只是一个图像或文学的描述。同样地，如果主张哈姆雷特存在于他自己的世界中，即存在于莎士比亚想象的世界中，并认为这与拿破仑存在于这个普通的世界中同样地真实，那么这种主张如果不是有意惑人，便是不堪信任的糊涂话。只存在一个世界，这就是‘实在的’世界。莎士比亚的想象只是它的一部分，因此他在写《哈姆雷特》时的思想是实在的。我们在读这个剧本时的思想也是实在的。只有在莎士比亚和读者心中的思想、感情等等是实在的，除此之外，没有一个客观的哈姆雷特，这就是虚构的本质。当我们考虑编史者和读史者心中由拿破仑引起的各种感情时，我们还没有接触到实在的拿破仑。而在哈姆雷特的情形中，我们已经完全地接触到了哈姆雷特。如果没有人想到哈姆雷特，就无所谓哈姆雷特。但没有人想到拿破仑，则拿破仑马上会使人想到他。这种实在感在逻辑中很重要，谁要对它耍花招，佯称哈姆雷特有另一种存在，那是在危害思想。在对有关独角兽、金山、方圆以及其他类似的虚假对象所作的命题进行正确分析时，必须有一种健全的实在感。”

为了解决非存在之谜和其他类似的困难，罗素提出了确定性摹状词理论。这个理论的大意是：像“这个飞马”“这个方圆”“这个《红楼梦》的作者”这样的摹状短语（“这个”表示我们用这样的短语意在表示符合摹状的只有一个对象，故称为确定摹状词，由于英汉表达习惯的差异，英语中用来表征确定性摹状词的定冠词“the”常常不必拘泥地译为“这个”，人们通过语境自能判断只有一个对象符合摹状条件这层意思）不能作为主词出现在句子中，看上去由这类短语充当主词的句子并不是一个真正包含主词的简单句（无论是主谓句还是关系句），而只能看成是一个存在句。它并不描述任何具体的对象，该存在句以断定存在着满足摹状短语的唯一对象为内容或内容之一。

举例说明会更清楚。“当今法国国王是秃子”，这是罗素所举的例子。这个句子从表面上看有主谓句的结构，“当今法国国王”这个摹状短语是主词，“秃子”是谓词。罗素告诉我们如果我们听信表面的语法结构就会陷入困境。“依据排中律，‘A 是 B’与‘A 不是 B’中必须有一个是真的。因此‘当今法国国王是秃子’与‘当今法国国王不是秃子’中也必须有一个是真的。但如果我们先列举所有秃子，然后列举所有不秃的人，我们在任何一列都找不到当今法国国王。”一方面，根据排中律，“当今法国国王是秃子”和“当今法国国王不是秃子”这两个句子必有一个是真的；另一方面，由于当今法国国王并不存在，所以，这两个句子都是假的。矛盾！

让我们考虑一个更加简单的句子：“当今法国国王存在。”这个句子从表面上看也是一个主谓句，“当今法国国王”这个摹状短语是主词，“存在”是谓词。如果我们听信表面的语法结构同样也会陷入困境，就是前面说的非存在之谜。这个句子一望而知是假的，因为法国早已是共和国了，不再有国王了。但既然“当今法国国王”被当成主词，那么如果它不指任何东西，那这个词就是没有意义的。因此，为了使这个词有意义，我们必须认为它确有所指，这等于是说即使法国国王不存在，也必须存在着。矛盾！

既然把“当今法国国王”看成主词，从而把上面两个句子看成主谓句，会导致悖论，就说明这个摹状短语并不是真正的主词，这两个句子也不是主谓句。那么该怎么解释“当今法国国王”似乎出现在一些句子中的主词位置这一现象呢？罗素并没有采用直接定义的方法，而是采用了语境定义的方法。所谓语境定义，是指不直接用定义项来解释被定义项，而是通过解释定义项出现的各种语境来间接地解释被定义项。这里要解释的定义项是似乎出现在主词位置上的“当今法国国王”，我们并不把它直接定义为另一个短语，而是列举“当今法国国王”

出现的各种语境，再把有待解释的语境代之以别的语境，新语境里不再将“当今法国国王”当成主词。上面的第二句被罗素解释成：

有且只有一个对象，这个对象是当今法国国王。

“只有一个”是为了表示出存在对象的唯一性，这正是确定性摹状词区别于不确定的摹状词或普通谓词的地方。如果我说“马存在”，它的解释将是“有一个对象，这个对象是马”。因为“马”这个词没有被限定只能适用于一个对象。

读者可能要问了，在这个解释了的语句中，仍然出现了“当今法国国王”这个词，这如何算得上是一个解释呢？提出这一问题表明这位读者并没有真正理解罗素的工作。（但困惑也部分地来自中英文表达习惯间的差异。在英语中，原句“当今法国国王”和解释句“有且只有一个对象，这个对象是当今法国国王”中出现的“当今法国国王”即使在语形上也是有区别的，前者是“the present king of France”，后者是“present king of France”。）所有问题都是由于误把“当今法国国王”当成一个主词而引起的，所以，对改写后的语境的唯一要求是不再把它看成主词。而这个目的是达到了的。解释句并不以“当今法国国王”为主词，甚至它本身也不是一个主谓句，即不是述说任何对象的句子，它只是一个存在断言，断言存在着满足一些条件的对象，但并不谈及符合条件的对象（如果有的话）。存在断言在数学里非常多。我们说“方程 x2-2x+1=0 有解”，这个断言只是一个存在断言，并不述说实际的解（也就是1）。

被解释后的句子并不容作出当今法国国王即使不存在也必须存在这样的思辨。

至于“当今法国国王是秃子”这个句子，其实蕴含着“当今法国国王存在”，被罗素解释成：

有且只有一个对象，这个对象既是当今法国国王又是秃子。

这个解释同样取消了“当今法国国王”的主词角色。把这个解释用于“法国国王不是秃子”，就得到：

有且只有一个对象，这个对象既是当今法国国王又不是秃子。

这个句子和“有且只有一个对象，这个对象既是当今法国国王又是秃子”并不互为否定句，因此这两个句子即使都是假的（由于不存在法国国王，事实上也都是假的），也并不违反逻辑规律。和“当今法国国王是秃子”相矛盾的并不是“当今法国国王不是秃子”，而是下面这个句子：

对所有的对象而言，或者这个对象不是当今法国国王，或者这个对象虽是当今法国国王但除这个对象外还另有对象也是法国国王，或者这个对象不是秃子。

可见对“当今法国国王是秃子”的否定不是只有一种方式，即单纯否定摹状对象不具有某某性质，而是有三种方式，除了可以否定他是秃子而外，我们还可以否定存在着符合摹状条件的对象，即断言当今法国国王不存在，也可以否定符合摹状条件的对象的唯一性，即断言当今法国国王不止一个。

罗素的摹状词理论让我们更清楚地理解了主词和谓词的逻辑性质。根据罗素的看法，主词和谓词在句子中的逻辑作用是完全不同的。当一个词充当主词时，这个词只能被理解成专名，即它的唯一功能只在于命名对象。当一个词充当谓词时，这个词只能被理解成摹状词（确定的或不确定的摹状词），它的功能只是描述，既可以描述主词所命名的确定对象，也可以描述不确定的对象。换句话说，句子的主词只能由专名担任，而谓词只能由摹状词担任。一个词或短语如果孤立地看，只是一个符号而已，它到底是一个专名还是一个摹状词是并不清楚的。一个人把一个词或一串符号当成专名还是摹状词，那是他自己的事情。虽然“当今法国国王”一般被看成摹状词，但它未尝不能用来命名我们想命名的事物。我们要说的只是，如果他把某个词当成了只具命名功能的专名，那么它就只能在句子中充当主词；反之，如果他把某个词看成摹状词，那么它就不能在句子中充当主词，而只能用作谓词，以执行它的摹状功能。总之，我们不能把一个词既当作专名又当作摹状词。“名称与摹状词的一个重要区别在于：名称如果没有它所称呼的东西，它在命题中就没有意义，而摹状词则不受这种限制。”回到“当今法国国王是秃子”这个句子，照一般的解释，“当今法国国王”被看成摹状词。如果是这样，这个词就不能用作主词。如果你把它解释成主词，那么它在这个句子中就不再有描述的作用。问题在于，在对这个句子的一般解释下，“当今法国国王”虽然被当成了主词，但却让它扮演了摹状的功能，也就是说既被解释成专名又被解释成摹状词。作为专名，它的命名对象一定存在；但作为摹状词，它所摹状的对象并不存在。这个句子的全部麻烦只是在于对命名和摹状的混淆。如果我们严格区分专名和摹状词，就不会有任何麻烦。如果你把“当今法国国王”看成专名，虽然我们并不一定知道你用这个词命名的是什么，从而无法判断整个句子的真假，但我们知道，不管你命名的是什么东西，这个东西一定或者是秃子或者不是秃子，两者必居其一，这里并没有任何悖谬之处。如果你把“当今法国国王”当成摹状词，那么这个句子便已经预设了存在着当今法国国王这一点，而这个预设是错误的，当今法国国王并不存在，所以你所断言的这个句子便是假的；根据同样的逻辑，“当今法国国王不是秃子”也是假的，因为这个句子也预设了存在着当今法国国王这一点，这两个句子俱假不会引起任何矛盾，因为它们并不互为否定句。无论你是把“当今法国国王”看成专名还是摹状词，只要你一以贯之，你就不会产生矛盾。矛盾只产生于把它先理解成主词（专名）而后又认为它摹状了这个被命名的对象。

这个学说还弄清了“存在”一词的含义。根据上面的解释，“当今法国国王存在”的意思是，存在着满足摹状条件“当今法国国王”的唯一对象，也就是说，“x 是当今法国国王，而且对于任何 y 来说，如果 y 是当今法国国王，那么 y=x”（或更简单地说，“x 是唯一的当今法国国王”）这个命题函项对于 x 的一些取值是真的。不确定摹状词或普通谓词的情形还要更清楚些。“马存在”的意思是，存在着满足摹状条件“马”的对象（是不是唯一无关紧要），也就是说，“x 是马”这个命题函项对于 x 的一些取值是真的，或者借助逻辑记号简写为“（∃x）（x 是马）”，“∃”可以读作“存在”。“x 是马”这样的式子叫作命题函项或开语句，因为只要把这个式子中的变项“x”代之以名称，它就成了一个句子。“从这个意义来说，存在只能用来说一个摹状词，而且经过分析之后，就可以见出是一个命题函项的例子，至少就变项的一个值来说是真的。”（严格地说“命题函项的例子”这个说法是不通的，因为命题函项只是一个语言表达式，不会有例子。这里的准确含义是命题函项所适用的事物所组成的集合不是空集）我们可以有意义地说“马存在”（真，因为所有马所组成的集合不是空集），“当今法国国王存在”（假）。但我们不能有意义地说“苏格拉底存在”，如果“苏格拉底”被理解成一个专名的话。一般地说，“A 存在”或“存在着 A”这样的句子中的“A”如果被理解成专名，那么这两个句子既不是真的，也不是假的，而是无意义的；要使它们有意义，“A”必须被理解成摹状词。我们不能在一个专名之后或之前使用“存在”这个词，而只能把“存在”这个词用于摹状词。如果我们不想让“苏格拉底存在”成为一句无意义的话，就只好把“苏格拉底”理解成一个摹状词，我们的确切含义也许是“柏拉图的老师存在”，也许是“名叫苏格拉底的那个人存在”。这里的要点是，“存在”并不是谓词，不能用来描述对象。我们可以说苏格拉底是男人，苏格拉底是哲学家，苏格拉底死于狱中，但我们不能有意义地说苏格拉底存在。

弗雷格对“存在”一词的看法也是如此。对弗雷格来说，存在概念所表达的在本质上是这样一个思想，即一个概念词（“概念词”是弗雷格的术语，相当于通常所说的谓词）确实有适用的对象。说母牛存在而美人鱼不存在，就是说可以找到“母牛”可以适用的对象，而找不到“美人鱼”可以适用的对象。因此，说一个单个对象（比如苏格拉底）存在是没有意义的。“对存在的肯定事实上不是别的，只是对无数目的否定，存在只是概念［而不是对象］的一种性质。”后来，美国人奎因把弗雷格和罗素的观点总结成一句口号：“存在就是成为变项的值”。说马存在，就是说摹状条件“x 是马”是可以被满足的（罗素），就是说概念词“马”有适用的对象（弗雷格），也就是说成为句子“（∃x）（x 是马）”中的变项“x”的值（奎因）。虽然在措辞上不同，但三个人表达的意思是一样的。但遗憾的是，在实际运用中，罗素并没有真正理解自己对“存在”一词含义的澄清。一方面，他认为主词、谓词和句子对于分别谈论殊相、共相和事实是必不可少的；另一方面，更为严重的是，他认为我们对主词、谓词和句子的使用便是我们对殊相、共相和事实存在的论证。

奎因进一步发展了罗素的摹状词理论。罗素还只是说，有些看上去有着主谓结构的句子，实际上只是存在句的缩写，在改写后的句子里的主词变成了谓词或谓词的一部分。奎因更进一步，他认为所有看上去有着主谓结构的句子，统统可以运用摹状词理论改写成存在句。他的观点是，除了逻辑词汇外，所有其他词都是摹状词，专名是没有的，任何看上去像是专名的词都可以看成是摹状词。奎因的观点实际上是罗素观点的彻底化。在罗素那里，许多通常被认为专名的词，像“苏格拉底”“荷马”等已经被当作摹状词了。罗素于是把普通的专名和逻辑的专名区别开来，普通的专名实际上是伪装的摹状词，只有逻辑专名才是真正的专名。有一回罗素在演讲中说：“人们确实在逻辑意义上用做名称的词仅仅是一些像‘这’或‘那’的词。唯有当你非常严格地使用‘这’代表一个感觉的现实对象时，‘这’实际上才是一个专名。”演讲结束后有人问他，既然‘这’这个词的所指随着不同的使用者，随着不同的使用时间和地点都在变化，我们如何能对“这”的所指作出论证呢？罗素的回答很局促：“你可以将‘这’保留一两分钟。如果你很快论证，你在它完结之前就能得到一小段时间。”在奎因看来，这是一个不必要的难题；从逻辑的观点看，并不需要专事命名而没有描述功能的词。

罗素之所以在提出摹状词理论后仍坚持存在着所谓的逻辑专名，是因为他仍没有摆脱以词指物的传统。他强调了主词、谓词和句子之间的区别，他认为这三类表达式分别指示了三类不同的存在物：殊相、共相和事实。如果没有专名，那么我们就无法谈到殊相，因为摹状词从逻辑上讲是谓词，与之对应的超语言实体是共相而不是殊相。因此，如果存在着殊相，那么专名在世界的描述系统中是不可或缺的。

奎因则完全抛弃了这个传统。他认为一个语词能够被有意义地使用并不以存在着它所命名或代表的对象为前提条件。“我们能够有意义地在语句中使用单独语词而无需预先假设有这些语词所要命名的对象。我还论证了我们能够使用一般语词（例如谓词）而无需承认它们是抽象的东西的名字。”主词在传统逻辑里是个不可少的概念，但奎因指出，任何表面上含有主词的句子都可以通过罗素的摹状词理论被改写成不包含主词的句子。“翟玉章”是个一望而知的专名，但对于这本书的大多数读者而言它的意思只不过是“《罗素》的作者”，这是一个典型的摹状词。即使对于翟玉章的命名者而言，也同样是摹状词：“被我命名为‘翟玉章’的那个人”。

在奎因那里，和谓词相对的不再是主词，而是变项，变项相当于我们日常语言中所谓的不定代词。名称，无论是旨在指称具有时空特点的名称（苏格拉底、北京等等），还是旨在指称具有抽象特点的东西的名称（2、空集等等），都是与本体论无关的。代词才是指称的基本手段，名词从逻辑上看是由代词所派生的，奎因建议将名词称为代代词。奎因进一步指出，“存在就是成为变项［不定代词］的值”这个公式只是对“存在”一词意义的澄清，但并不能用来判断任何存在断言的真假。“我们注意约束变项不是为了知道什么东西存在，而是为了知道我们的或别人的某个陈述或学说说什么东西存在；这几乎完全是同语言有关的问题。而关于什么东西存在的问题则是另一个问题。”

因此，在第六章中谈到的罗素对殊相、共相和事实存在的断言，并不能因为我们使用了主词、谓词和句子而得到论证，甚至也不能因为我们使用了指称它们的约束变项而得到论证。说存在着殊相，就是说开语句“x是有时空特性的事物”有适用的对象；说存在着共相，就是说开语句“x是没有时空特性的事物”有适用的对象；说存在着事实，就是说开语句“x是事实”有适用的对象。这只是意义的澄清，但到底有没有这些存在物，这并不是哲学的语言分析所能解决的问题。我们最多只能说，如果存在着这些存在物，这些存在物的特性是不同的。当罗素说“当你说‘存在殊相的类’时，‘存在’这个陈述需要扩展并且要解释清楚，你会看到，它与你设想的东西是完全不同的东西，”他是把存在和存在物的具体特性混为一谈了。如果苏格拉底和2都存在，那么，确实苏格拉底只存在于时空中而2只存在于抽象世界中，但这只是因为“苏格拉底”这个词有时空含义，“2”这个词有抽象含义，而不是“苏格拉底存在”中的“存在”有时空含义而“2存在”中的“存在”有抽象含义。“存在”一词本身并没有时空含义或抽象含义，它的意思只是指这样或那样的条件可以为某个对象所满足。

第 9 章

感觉材料和物理对象

感觉材料和物理对象之间的关系，一向是经验主义者的一个难题。根据经验主义的根本主张，我们唯一可以担保其存在的是我们当下的感觉材料（我们直接感觉到的东西，如颜色、声音、气味、硬度、粗细等等）；我们的一切知识，包括关于物理对象存在的知识，其证据都来自于我们当下的感觉材料。但许多经验主义者，特别是贝克莱和休谟都认为，我们无法从感觉材料的存在推导出物理对象的存在。在《人类理解研究》一书中，休谟这样写道：

“[人们] 总是假定感官提供给我们的那些形象就是外在的事物，从来不怀疑到前者只不过是后者的表象。这一张我们看来是白的、摸着是硬的桌子，他们相信是不依赖我们的知觉而独立存在的，是外在于感知它的心灵的东西。我们在场并不能给它以存在，我们不在场也不能使它消灭。它保持着它的齐一的、完全的存在，并不依赖感知或玄想它的理智实体所处的状况。……然而，所有的人的这种普遍而原始的意见，很快就被一种极微小的哲学破坏了。这种哲学告诉我们：能够呈现于心灵的，除了映象或知觉之外，没有别的东西；各种感官只不过是这些映象所通过的一些孔道，并不能产生心灵与事物之间的任何直接交通。我们见到的这张桌子，当我们离开它远一些的时候，看起来就小了；可是那张不依赖我们而独立存在的实在的桌子却并没有任何改变。因此，呈现于心灵的只不过是桌子的映象。这些都显然是理性告诉我们的。任何一个能思想的人都不会怀疑：当我们说'这所房子'和'那棵树'的时候，我们所考虑的存在物不是别的，只是心中的一些知觉，只是另外一些始终独立、齐一的存在物的迅速消逝的摹本或表象。……用什么论证可以证明，心灵的各种知觉，一定是由一些虽然与它们相似（如果这是可能的话）、但是与它们完全不同的外物引起的，而不能由一种无形的、不知道的精神，或者由某种我们更不知道的其他原因产生呢？……感性知觉是否为与之相似的外物所产生，这是一个事实问题。这个问题怎样解决呢？当然要凭借经验，和其他性质相似的问题一样。但是对于这个问题，经验是没有话说的，也必须完全保持沉默。在心灵面前呈现的，除了知觉以外，是根本没有别的东西的，它绝不能经验到知觉与对象的联系。因此，我们假定这样一种联系，是没有任何理性根据的。"

罗素同意休谟上面的分析：（1）感觉材料并不是物理对

象。物理对象是“持久而固定的”物体，它们的存在与是否被知觉是两回事；而感觉材料是转瞬即逝的，它们只有在被感觉时才存在。（2）人们可以自圆其说地怀疑物理对象的实在性，物理对象作为感觉材料的原因，其存在性并不能得到逻辑的证明。“［物理］对象并不连续不断地呈现于感觉，人们会怀疑当它们不被看见或感觉时是否也在那里存在着。”但罗素并没有接受休谟的怀疑论结论。对于罗素来说，虽然怀疑或否定是可以自圆其说的，但在不存在反证的情况下，继续接受存在着物理对象这个本能的信仰是更加合理的：

“在某种意义上说，必须承认，我们永远都不能证明在我们自身之外和我们经验之外的那些事物的存在。世界是由我自己、我的思想、感情和感觉所组成的，其余一切都纯属玄想，这种假设并没有什么逻辑上的谬误。在梦里，似乎也可以有一个极其复杂错综的世界，可是一觉醒来我们就发现它是一场虚幻了。这就是说，我们会发现，梦里的感觉材料仿佛是和我们从自己的感觉材料所自然而然地推论出来的那些物理对象是不相应的。我们若假设整个人生是一场梦，而在这场梦里我们自己创造出一切显现在我们眼前的对象，这个假设在逻辑上也并不是不可能的。但是，尽管它并非在逻辑上是不可能的事，可是也没有任何理由来假定它就是真确的；事实上，从作为一种说明我们生活事实的方法来看，这个假设就不如常识的假设来得简单，常识的假设是：确实有着不依赖于我们而独立存在的对象，这些对象对我们所起的作用就是我们的感觉发生的原因。

“要是假定真有物体，问题自然就简单了；这一点是显而易见的。倘使有一只猫某一瞬间出现在屋子的某一角落，而下一瞬间又出现在另一个角落；那么，我们自然会假定：它从房屋的某一部分经过一系列的中间部分而走到了另一部分。但是，如果猫只是一组感觉材料的话，那么它就不可能走过我不曾看到它的任何地方；这样，我们就不得不假定：在我不看见它的时候，它根本就不存在；不过它在一个新地方突然之间又出现了。倘使这只猫不论我看见或不看见都是存在着的话，那么我们就可以根据我们自身的经验来了解它如何会在两餐之间渐渐地觉得肚子饿；但是，倘使在我不看见它时它并不存在，那么，不存在时它的食欲竟会和存在时一样地增加得很快，就似乎是荒诞的了。再者，这只猫如果仅仅是感觉材料组成的，那么它便不会饿，因为除了我自己的饥饿以外，没有别的饥饿能够对我成为感觉材料。这样，对我表现为一只猫的那些感觉材料的行为，虽然把它看成饥饿的表现仿佛是十分自然的，但是，要把它看成为只是一片片颜色的运动变化，就极其费解了；一个三角形既不会踢足球，一片颜色自然也不会饥饿。

…………

“当然，我们本来就不是凭论证才相信有一个独立的外在世界的。我们一开始思索时，就发现我们已经具备这种信仰了：那就是所谓的本能的信仰。……既然这种信仰不会引起任何困难，反倒使我们经验的叙述简单化和系统化，所以就使人没有理由不接受它。因此，尽管梦境引起人们怀疑外部世界，我们还是可以承认外部世界的确存在着，而且它的存在并不有赖于我们不断觉察它。”

这段文字是从罗素 1912 年出版的《哲学问题》一书中摘引过来的。在这里，罗素既承认感觉材料的实在性，也承认物理对象的实在性，而且物理对象是不能还原为感觉材料的。值得注意的是罗素对物理对象实在性的论证方式：物理对象虽然相对于感觉材料而言并不是直接给予的，而只是我们的设定物，但由于这些设定物“使我们经验的叙述简单化和系统化”，所以我们有理由认为它们是实在的。换言之，物理对象对于罗素来说，既是整理感觉材料的工具，但同时又是真实存在的。物理对象的工具性和实在性两者之间是统一的。

虽然罗素同时承认感觉材料和物理对象的实在性，但他同时认为我们关于感觉材料的知识和关于物理对象的知识是两种不同种类的知识，前者他称为亲知的知识，后者被称为摹状的知识。“我们说，我们亲知我们直接觉察到的东西，既不要任何推理过程作媒介，也不要任何真理的知识作媒介。因此我站在桌子面前就亲知构成桌子现象的那些感觉材料——它的颜色、形状、光滑度，等等，这些都是在我看见或摸到我的桌子时我直接觉察到的东西。关于我现在看到的颜色的特殊深浅程度，可以说许多——我可能说，它是棕色的，它的颜色较深，等等。但这样的陈述，虽使我知道了关于颜色的真理，却并不使我对颜色本身比以前知道得更多，就关于颜色本身的知识而言，而不是就关于它的真理的知识而言，当我看到颜色时，我就完全地知道了颜色，而且在理论上再也不可能有任何关于颜色本身的进一步知识了。因此构成桌子现象的感觉材料就是我亲知的东西，就是按其原样直接为我所知道的东西。”

另一方面，“对于作为物体的桌子，我所具有的知识便恰恰相反了，那并不是直接的知识。就它的实际而言，它是由对于那些构成桌子现象的感觉材料的亲知而来的。我们已经看到，我们可能、而且可以毫不荒谬地怀疑桌子的存在，但是要怀疑感觉材料则是不可能的。我对于桌子所具有的知识是属于我们应该称之为‘摹状的知识’那一类的。桌子就是‘造成如此这般感觉材料的物体’。这是在用感觉材料来描述桌子。为了要认知有关桌子的任何东西，我们便必须认知那些把桌子和我们亲知的东西相联系起来的真理：我们必须知道‘如此这般的感觉材料都是由一个物体造成的’。我们没有一种直接察觉到桌子的心灵状态；我们对于桌子所具有的全部知识实际上就是有关真理的知识，而成其为桌子的那个确实的东西严格说来却是我们毫无所知的。我们知道有一种描述，又知道这种描述只可以适用于一个对象，尽管这个对象本身是不能为我们所直接认知的。在这种情形中，我们说我们对于这个客体的知识便是摹状的知识。”这表明，罗素将感觉材料的实在性放在了基本的地位。感觉材料因为是我们直接觉察到的东西，所以是万无一失的，无可置疑的；而由于我们对物理对象只能有（通过感觉材料的）摹状的或间接的认识，所以其实在性并不是万无一失的，并不是无可置疑的。这些文字同样来自《哲学问题》

一书，但其中所表达的在感觉材料和物理对象两者的实在性上厚此薄彼的态度是很明显的，他把最根本的实在性给予了感觉材料。这种态度在早一年发表的“亲知的知识和摹状的知识”一文（后来收入《神秘主义和逻辑》一书）中也可以看到，在这篇文章中他说：“我们可以理解的每一个命题必须完全由我们亲知的成分构成。”从这句话中，我们其实已经不难预见到他最终会将实在性只给予感觉材料。

果然，两年之后，也就是1914年，罗素明确地改变了他对感觉材料和物理对象之间关系的观点。在《我们关于外间世界的知识》一书中，他认为物理对象可以还原为感觉材料。从某一个角度看，这可以看成是对物理对象实在性的证明：既然物理对象可以还原为感觉材料，那么只要存在着感觉材料，就存在着物理对象。从另一个角度看，这又可以解读为物理对象的设定从理论上是多余的：既然物理对象可以还原为感觉材料，那么凡是谈到物理对象的陈述都可以改写为谈论感觉材料的陈述。

“我们面临的一个任务是：离开历史上产生了物质概念的这个先天的信念［感性世界的一切变化下面必有某种恒常不变的东西］，而把物质概念再构造出来。尽管现代物理学产生了革命性的结果，但是物质概念在经验上的成效表明，必然有某种合理的概念大致可以起同样的作用。可以精确说明这个合理概念的时候还未到来，但是我们可以大略地看看它必须是怎样的概念。为此，我们只须把普通常识的陈述去掉持存实体的假定而改成另一种说法就可以了。例如，我们说事物逐渐变化着，有时这种变化极其迅速，但是这种变化不能不经过一系列连续的中间状态，至少不能不经过一系列大致连续的状态［如果量子理论中的不连续性被证明具有最终性的话］。这意味着假定有任一可感的现象，如果我们加以观察，通常就会有一系列连续的与该现象相联系的现象，通过一些觉察不到的等级，而引到常识认为属于同一事物的那些新现象。这样，一个事物就可以定义为由连续性和一定的因果律而相互联系的某一系列的现象。在变化缓慢的事物的情形中，这一点是显而易见的。例如，试以一张因年深日久而褪色的壁纸来看。要设想这张壁纸并非一个'东西'［其颜色在此时和彼时略有不同］，是不容易的。但是，对这张壁纸我们真正知道什么呢？我们知道，在适当的环境下（就是说，我们'在这间屋子里'），我们感知具有一定花样的某些颜色，这些颜色虽然并不永远是恰好相同的，但是它们十分相似，以致我们觉得它们是熟悉的。如果我们能把颜色变化的规律陈述出来，我们就能把经验上可证实的一切陈述出来；假定有一个常住不变的实体——壁纸，它在各种不同的时候'具有'不同的颜色，乃是一种毫无理由的形而上学。如果我们乐意，可以把壁纸定义为它的诸现象的系列。把这些现象集合在一起的动机与使我们把壁纸看做一个东西［看做可感的连续性和因果联系之结合］的动机是相同的。更概括地说，一个'事物'可定义为某一系列的现象，即通常会被说成属于这个事物的那些现象。说某个现象是某个事物的现象，意思只是说它是那些现象之一，那些现象作为系列来看就是这个事物。”

这个观点从哲学史的角度看并不新颖，只是贝克莱的关于物体是观念（相当于罗素所说的感觉材料）的集合的观点的翻版：

“由于这些观念中有一些是一同出现的，我们就用一个名称来标记它们，并且因而就把它们认为是同一个东西。因此，例如某种颜色、滋味、气味、形相和硬度，如果常在一块儿出现，我们便会把这些观念当做一个单独的事物来看待，并用苹果的名称来表示它。另外一些观念的集合，则构成一块石头、一棵树、一本书和其他类似的可以感觉的东西。”（贝克莱：《人类知识原理》）

罗素对贝克莱的完善只在于，他引入了“可能的感觉材料”这个概念，可能的感觉材料包括实际的感觉材料，但不必是已经发生的感觉材料。这样一来，物理对象就被罗素定义为可能的感觉材料的集合。“可能的感觉材料”这个概念的必要性在于：如果没有它，将无法处理从未被实际感觉过的物理对象的还原问题，对这样的对象我们当然不能说它是感觉材料的集合，因为这样的对象根本就没有感觉材料。在罗素后来的哲学发展中，他给予感觉材料以越来越重要的地位，感觉材料不但被用来构造物理对象，同时也被用来构造精神对象。“很有可能把心和一块物质都看做是逻辑的构成品，这种构成品是由没有大的差别的或实际上相同的材料形成的。……心和物的不同不过是一种排列上的不同。我用邮局人名簿做比喻，来对此加以说明。邮局人名簿用两种方法来把人加以区分：一是按字母表的次序，一是按地理上的位置。第一种排列是，一个人的近邻是那些在字母表上挨着他的人；在另一个排列中，是那些隔壁的邻居。同样，一个感觉可以藉一个记忆链和一些别的事项归为一类，那样，它就成了心的一部分；也可以和它的因果上的前项归为一类，那样，它就是物理世界的一部分。”这就是所谓的中立一元论：构成世界的根本材料既不是物理对象，也不是精神对象，而是非心非物的感觉材料，物理对象和精神对象都不过是感觉材料（严格地说，是可能的感觉材料）的逻辑构造。罗素承认他的中立一元论是受到美国新实在主义者培里、霍尔特等人和实用主义者詹姆士的影响而形成的。

需要指出的是，将物理对象和精神对象还原为感觉材料的计划在罗素那里还只是有个草图，并没有详细展开，这个任务是十多年后由卡尔纳普在他的《世界的逻辑构造》一书中努力完成的。但最后结果和数学的逻辑主义一样不妙，物理对象并不能还原为感觉材料，正像数学不能还原为逻辑一样。

从认识论的角度看，更准确地说，从证据的角度看，感觉材料无疑处于根本的地位，我们的一切知识的最终证据都在于我们当下的感觉材料。但这种在先地位并不能用还原来刻画：虽然我们的一切知识的最终证据都在于我们当下的感觉材料，但这并不是说我们的一切知识都可以从关于感觉材料的陈述中逻辑地推导出来，或者可以还原为关于感觉材料的知识。作为证据的感觉材料和建立在它基础上的知识之间的关系并不是演绎关系，它们之间的关系本质上是一种归纳关系。我面前闪现的形状和颜色，可以成为我相信我面前有人的很好的证据，但我并不能从我的视觉经验中逻辑地推导出我的面前有人。我相信我面前有人，并不是因为这个结论可以从我的视觉经验中逻辑地推导出来，而是因为这是一个能够解释我的视觉经验的很好的假说。

虽然感觉材料从认识论上讲处于根本地位，但在本体论上却并不处于根本地位。当然，寻常意义上的物体在本体论上也不处于根本地位。但企图将寻常物体还原为感觉材料却是走错了方向，正确的方向是将其还原为更基本的物理对象，最终是物理学上所谓的基本粒子，如果物理学是正确的，那么，任何自然过程，无论是普通物体的行为，还是感觉材料的行为，归根到底都可以由组成它们的基本粒子的行为得到解释。奎因这样阐述感觉材料、普通物体和基本粒子之间的关系："感觉材料在证据上［认识论上］是根本的，关于物体存在的任何线索都是感官提供的；物理粒子在自然上［本体论上］是根本的：就我们所知，支配这些粒子行为的规律是自然过程一般理论的最简单表述；最后，常识意义上的物体则在概念上是根本的：实在性和证据的概念都是以它们为依归，物理粒子，甚至感觉材料层面上的概念都是以它们为参照系而设计的。"（奎因：《设定物及其实在性》）

从贝克莱以来的经验主义者的错误，都在于没有分清以上所说的认识论上的根本性和本体论上的根本性这两种完全不同的根本性。如果作出了这个区分，他们就不会认为物体存在的证据应该由感觉材料提供这一经验主义（认识论）的原则和物体并不等于（可能的）感觉材料这一物理主义（本体论）的原则是冲突的。事实上，经验主义原则是从属于物理主义原则的。经验主义原则的证据本身即在于物理科学，正如爱因斯坦所说："如果贝克莱所依恃的是这样的事实，即通过我们的感官，我们所直接掌握到的，不是外在世界的'事物'，而达到我们感觉器官的只是那些同'事物'的存在有因果联系的事件，那么这样一种考虑，正是由于我们对物理学的思维方式的信任，才取得它的有说服力的特征的。"（爱因斯坦《论伯特兰·罗素的认识论》）爱因斯坦的意思是说：正是"物理学的思维方式"，即对独立于感觉材料的外在世界的认定，才让我们认识到"达到我们感觉器官的只是那些同'事物'的存在有因果联系的"感觉材料，而不是物理对象本身这一事实的。这样一来，贝克莱和休谟借口我们的感觉材料中并不包含常识意义上的物理对象而否定或怀疑后者的企图就落空了。

上述区分同样未能为罗素所认识。当他说"我们可以理解的每一个命题必须完全由我们亲知的成分构成"时，他便是将命题必须和感觉材料发生联系这一经验主义的要求等同于这样一个要求：每个命题都必须是关于感觉材料的命题。如果认清了上面的区分，我们便可以一方面保留经验主义的要求，同时不再提出后一个要求。即使是经验主义的要求本身，也要作更加开明的理解；正如奎因所指出的那样，理论和感觉材料所发生的联系，并不是理论中的每一个单个语句能具有的特征，而是许多句子组成的系统的特征。

第 10 章

分析的方法和价值

罗素非常推崇笛卡儿这位近代哲学的奠定者。笛卡儿曾经把他研究哲学的方法总结为四条。其中的第一条是“决不把任何我没有明确地认识其为真的东西当做真的加以接受，也就是说，小心避免仓卒的判断和偏见，只把那些十分清楚明白地呈现在我的心智之前，使我根本无法怀疑的东西放进我的判断之中”。(《方法谈》）哲学的探究应该从无可怀疑的东西出发，这是笛卡儿和罗素都坚持的。罗素说：“在任何一种分析的工作中我们必须视做前提的东西就是在我们看来是不可否定的东西——在我们看来，就像我们现在所处的地点和时间一样——而总的说来，我认为笛卡儿采取的方法是正确的：你应当认真去怀疑事物并且只保留不是因为你肯定不会被引入错误（并没有一种方法能保证你避免错误的可能性）而是由于其清楚明白性而使你不可能再怀疑的事物。”但笛卡儿将无可怀疑的东西等同于真的东西，并且进一步认定“凡是我们十分明白、十分清楚地设想到的东西，都是真的”，这是罗素所不同意的。第一，罗素在真理和我们认为的真理（哪怕是我们觉得自明的真理）两者之间作出了区别。罗素说：“当我谈到‘不可否定的材料’时，不要认为它是‘真材料’的同义语，因为‘不可否定’是一个心理学术语，而‘真’则不是心理学术语。当我说某个事物是‘不可否定的’时，我意指它不是那种任何人想要否定的事物；从中我们不能得出它是真的，不过的确可从中得出我们都会认为它真——而这一点正像我们似乎有能力达到的那样接近真理。当你正在思考任何一种知识论时，你或多或少要被束缚于某种不可避免的主观性，因为你不是单纯地考虑什么东西适用于世界这个问题，而是‘关于这世界我能知道什么?’你永远必须从在你看来是真的事物开始论证；如果在你看来这事物是真的，就不存在更多的要做的工作。你不可能越过自身并且抽象地考虑那些在你看来是真的事物是否是真的；你可能在下面这种特殊情况下才会这样做：即你的一个信念在你的许多其他信念的影响下有所改变。”第二，罗素不能同意无可置疑的东西具有清楚明白的特点，我们更不是因为某物具有清楚明白的特点才把它当成不可置疑的东西的。在罗素看来，不可置疑的东西之所以不要置疑，并不是因为它们是清楚明白的东西，事实上它们往往倒是不够清楚明白的东西，而是因为它们是“最先知道或者最容易知道的”事情；清楚明白不是一开始我们拥有的东西，而是我们经过分析才能获得的东西。

对于笛卡儿来说，通过方法论的怀疑论所发现的无可怀疑的东西，将构成我们的知识的确实的基础，由于有了这样一个确实的基础，所以建筑在这个基础上的全部知识的上层建筑也分享了这个确实性。对于罗素来说，事情正好相反。分析的任务不是要从这些无可怀疑的前提中演绎出表面上不那么自明但却可以还原为这些前提的东西，而是要形成对这些无可怀疑的东西的更好的理解。既然这些前提是无可怀疑的，我们还有什么必要对其进行进一步的分析呢？罗素回答说："那些作为开端的不可否定的材料永远是相当模糊和有歧义的。例如，你可能会说：'此刻这个房间里有一些人。'这句话很显然在某个意义上是不可否定的。但是，当你试图定义这个房间是什么，一个人在这个房间里是什么，你打算如何区别一个人和另一个人等等时，你就会发现，你所说的是极其模糊的，你实际上并不知道你的意思是什么。这是一个非常奇特的事实，即你实际上肯定的每一件事情，顷刻间成为某个你并不知道其意思的事情，而且，在你取得一个严格陈述的瞬间你不能肯定它是真或假，至少当时是这样。在我看来，健全的哲学推理过程主要在于：从我们觉得完全有把握的那些显而易见的、模糊的、有歧义的事物开始，一直到某个准确的、明白的、确定的事物。通过反省和分析，我们发现作为出发点的那个模糊的事物就包含在这个事物之中。……每个事物在你努力使之精确之前都有一定程度的模糊性，而每一精确的事物距离我们通常思考的每一事物是如此遥远，以至于你不可能在一瞬间设想出那就是当我们说出所思考的东西时我们实际上的意思。”

对笛卡儿来说，无可怀疑的东西是无须进一步分析的东西，它们构成了知识的逻辑起点；而对罗素来说，无可怀疑的东西由于其不精确性和歧义性，恰恰是需要进一步分析的东西。不可怀疑的东西在笛卡儿那里既构成知识的证据，同时又是知识的逻辑起点；但对罗素而言它们只是知识的证据，只是我们评估分析的结论时当作证据的东西。我们如何评价我们的分析结论的恰当性呢？一般地说，如果从分析结论中可以将作为分析起点的不可怀疑的东西推导出来，那我们的分析就是适当的，否则就是不适当的。但它们不是知识的逻辑起点。简单地说，对笛卡儿来说，分析的前提到分析的结论之间是演绎的关系，对罗素来说，分析的结论和分析的前提之间才是演绎的关系，分析的前提和分析的结论之间却是归纳关系。罗素在接着上面的引文后说：“认识下面这两者的区别十分重要，即：事实上你的认识来自什么东西［不可怀疑的前提］，和如果你已经具有了全面的认识［分析的结论］，你会从什么东西中推论出这种认识。这两者是完全不同的事情。逻辑学家视做一门科学的那类前提不会是那种最先知道或者最容易知道的事物：它将是一个具有巨大演绎能力、巨大说服力和严格性的命题，是一个与你的认识从其开始的实际前提完全不同的事物。”在另一处，他对分析的前提和结论之间的关系作了更详细的说明：“当纯数学被构成一个演绎系统时——即作为所有可以从一组指定的前提中推演出来的命题的集合——下面这一点就很明显了：如果我们相信纯数学的真理性，那这就不可能仅仅是因为相信这组前提的真理性。某些前提远远不如它们的某些结论明显，人们相信它们主要是由于它们的结论。当科学被整理成一个演绎系统时，我们就会发现情况总是如此。因而，一个系统中最明显的命题，或者说提供了使人们相信这个系统的主要理由的命题，并不是这个系统中的逻辑上最简单的命题。在经验科学中这一点是显而易见的。例如，电动力学可归约为麦克斯韦方程，但人们之所以相信这些方程则是由于人们看到了这些方程的某些逻辑结论是正确的。在纯逻辑领域也毫无二致，人们之所以相信逻辑学中的逻辑初始原则并不是因为它们本身的原因，而是因为它们的结论——至少就某些逻辑初始原则而言是这样。‘为什么我应当相信这组命题?’这个认识论问题和‘可以从其推演出这组命题的最小的并且是逻辑上最简单的命题是什么?’这个逻辑问题是完全不同的。我们借以相信逻辑和纯数学的部分原因，仅仅是归纳的和或然的，尽管就其逻辑次序而言逻辑和纯数学命题是通过纯粹的演绎从逻辑前提中得出来的。我认为这一点非常重要，因为如果把逻辑次序等同于认识论次序，并且反过来又把认识论次序等同于逻辑次序，就很容易产生错误。”

遗憾的是，罗素在自己的著作中没有能够处处分清上面两种次序。在处理数学时，罗素很清楚：“在数学中最明显易知的概念，从逻辑上来说，并不是初始的概念；从逻辑演绎的观点看，它们是出现在中途某处的概念。”虽然罗素认为数学可以还原为逻辑的观点是错误的，但他确实将数学还原成了集合论。一方面，集合论对于数学来说确实处于逻辑上优先的地位，即从集合论出发可以演绎出数学；另一方面，那些“数学中最明显易知的概念”则处于认识论上的优先地位，即它们构成了其上层建筑的集合论的证据。但罗素在处理感觉材料和物理对象的关系时却并没有这样清楚。罗素希望能把物理对象还原为感觉材料，但实际上，感觉材料虽然处于认识论上的优先地位，却并不处于逻辑的优先地位，因此用感觉材料解释物理对象是文不对题的，恰恰相反，感觉材料倒是应该由关于物理对象的假说来得到解释。这并不是说，物理对象不能被还原，而是说物理对象不能被还原为感觉材料；事实上，物理对象的还原在科学中一直在进行着，在现在则是被还原为比它本身更为抽象的、距离直接给予的感觉材料更为遥远的、物理学家称为基本粒子的东西。

即使在正确还原的场合，罗素也有一个错误的看法需要指出来。罗素曾模仿奥康姆的“如无必要，切勿假定过多”的原则（奥康姆剃刀）制定了下面这个他所谓的“抽象原则”或“消除抽象的原则”：“如有可能，就用已知实体的构造物来代替对未知实体的推论”。他以数的定义为例对这个原则作了说明：“关于这个原则的一个十分重要的例子是弗雷格把给定的由一些项构成的集合定义为‘相似于’给定集合的所有集合的类——这里两个集合是‘相类似的’，如果有一个一一对应的关系，其前域是一个集合，而后域是另一个集合。因此，一个基数是所有相似于某一个类的那些类的类。这个定义使得其中出现基数的一切命题的真值不变，并且避免了对一组被称做‘基数’的实体进行推理，这些实体只用于使算术易于理解的目的，然而现在就是为了这个目的也不再需要它们了。”我们知道，弗雷格和罗素成功地将数还原成了类，或者说，他们成功地从类中构造出了数，但罗素却据此认为没有必要将数视为实体，应该将数的存在地位用奥康姆剃刀予以剃除。这是错误的看法。我们最多只能说，由于数可以还原为类，所以类是比数更基本的存在对象，如果不存在类，那么就不存在数，但却得不出数不存在的结论。这一点运用于桌子、椅子这样的寻常的物理对象，就更加清楚了。寻常的物理对象即使可以还原为基本粒子，但它们本身并不因为这一点就不存在了。

撇开上面谈到的认识上的不清和模糊之处，罗素的分析方法可以概括为：在任何探究中发现足以首尾一贯地、完全地说明所研究的领域的最少量的概念和假定，用罗素自己的话来说，就是对最小词汇量的追求：“我所说的‘最小词汇量’，是指其中的任何词汇都不能用别的词汇加以定义。所有定义在理论上讲都是多余的，每一门学科都可以用这门学科中的最小词汇量加以表述。”这是他 1943 年在“我的思想的发展”一文中的表述。我们在 1959 年《我的哲学的发展》一书中读到类似的思想：“无论是关于数学还是物理学、关于知觉还是语言之于事实的关系，我的主张总是按着一个方法向前进。姑且承认，科学和常识大致说是能够加以解释，以证明其基本上是真的，那么就有这样一个问题：这种广泛的真理所出的最低限度是什么呢？这是一个专门问题，不是只有一个答案的。关于用做起点的没有界说的词汇是有一套起码的假定的。”他还谈到这种分析的或还原的方法的价值：“凡是把没有界说的词汇或无从证明的前提的数目减少，都算是进了一步，因为这样就缩小了可能有的错误的范围，并且为整个系统的真理所出的抵押也少了一些。”其实，分析的方法是任何理论研究的特色。一方面，通过对已有概念或假定的分析，我们扩展了我们对有关学科的认识的深度和广度；另一方面，由于在分析过程中我们将有关学科安排成了各个部分的联系井然有序的演绎系统（就像读者在几何学中所感受到的那样），所以当这门学科出现问题时，这门学科内部概念和假定的高度组织化能使我们很容易看出问题的症结所在，这有利于我们更加系统地更加富有效率地解决问题。

分析或还原的方法，在西方有着非常悠久的传统，西方成为现代科学的发源地正是这种悠久传统的产物。但即使在西方，也一直存在着反对分析方法的声音。他们提出的理由主要有两点。第一，“无论你分析到多么深远，你永远达不到单纯不可再分的东西。”罗素承认，关于分析能否达到单纯不可再分的东西，这是一个悬而未决的问题。但罗素同时指出，这一点却是与分析的正当性不相干的。我们在现阶段达到的“分析剩余物”，并不因为日后发现它可以进一步分析，而失去了价值，分析可以是一个不断深化的过程。“结构的分析通常是一步一步地来进行。……在一个阶段认为是不可分的单位，在下个阶段中就显出是复合的结构来了。骨骼是由骨头组合而成，骨头包含细胞，细胞包含分子，分子包含原子，原子包含电子、质子和中子；进一步的分析尚难逆料。随我们的目的之所在，骨头、分子、原子、电子各可以姑且认为是无组织的不可分析的单位，可是无论在哪一个阶段，却没有确实理由以为事实上确是如此。到现在为止所能达到的最终单位，随时可以变成是能够分析的。是否一定有一些单位因为不包含部分，因此不能分析，这一问题看来是无法决定的。这也无关重要，因为从后来发现本身具有复合结构的单位来说明结构是没有什么错误的。”

第二，“由分析所得到的那些话聚到一起，不等于未加分析的那句原话。”也就是说，分析前后我们对事情的认识并不是一样的，可能分析前我们的直观的认识是真知，而分析的知识歪曲了事情的真相也未可知。罗素承认分析前后我们对事情的认识确实会发生变化。“我的意思不是说（也没有人会坚持说）当你进行了分析之后，你保留了在你分析之前所有的全部事物。假定你这样做，你绝不能在分析的过程中获得任何东西。”但罗素指出这并不能作为反对分析的理由。分析的知识和分析前的直观知识的关系有两种情形。一种情形是，我们的原有知识得到了保留，但我们却对它有了更深的理解。“分析的长处是，它能得到用别的方法得不到的知识。你知道了水是氢二氧一而成的时候，你以前对于水的知识并不是不存在了，而是你确是获得了一种了解许多事物的力量，这种力量是不用分析的方法所不能给你的。”另一种情形是，分析后的知识校正了原有的直观的知识。这种情况在科学中比比皆是。我们不再想当然地认为任何给定的条件都对应着一个类，我们不再想当然地认为鲸是鱼，我们不再想当然地认为物体的自然状态是静止状态，我们不再想当然地认为物体的质量与运动速度无关，等等。发生这种情况的机制我们曾在第二章中谈到过，那就是，在分析的过程中，我们认清了我们原有的未经分析的知识并不是在逻辑上一致的。要注意的是，这种矛盾是未经分析的知识本身所固有的，并不是分析带来的。分析的作用只是让我们意识到了原先没有意识到的矛盾，要不是借助于分析，我们可能做梦也不能发现这种矛盾。分析方法的运用是导致我们的常识信念发生变化的重要原因。

和分析是歪曲这种看法相联系着的是对分析所运用的精确语言的反对。在维特根斯坦的影响下，有许多哲学家开始强调语言表达式在“自然”语言或“日常”语言中的使用。这种强调本身并没有错，但也有哲学家将自然语言和精确语言对立起来，把自然语言看成是只需要向其膜拜而无需改进的东西。许多哲学史家由此区分了哲学分析中的两个流派：理想语言学派，以罗素和早期维特根斯坦为代表；日常语言学派，以后期维特根斯坦为代表。这个区分其实并不能适用于罗素。在“逻辑原子主义哲学”一文中，罗素在描述了“逻辑上完善的语言”的特点后，紧接着指出：“在这个意义上各种现实的语言不是逻辑上完满的，而且如果服务于日常生活的目的，它们也不可能是完满的”，因为“逻辑的需要与日常生活的需要是完全不同的”。因此，罗素在日常语言和“理想语言”之间并不是厚此薄彼的，它们各有各的用处，前者服务于日常生活，后者是对日常语言的原有功能之一，即认识世界的功能的进一步的、专门的发展。罗素对所谓日常语言学派的最大批评是，他们“放弃了哲学在历史上历来所追求的任务”，即“努力想法来了解这个世界”的任务，而把哲学只看成是语言问题，割断哲学与经验科学之间的联系。“它把世界或我们对于世界的关系置之不顾，它所讲的只是糊涂人能说糊涂话的各种各样的方法。”他毫不掩饰地表示了他对这个学派的轻蔑：“如果这种学说是正确的，哲学充其量不过是对于字典编辑有些微的帮助，最坏就成了茶余饭后闲着没事的一种消遣了。”

另外，对分析方法的反对还有一种形式，这种形式在中国拥有大量的支持者。这种反对意见无端地将分析的方法和综合的方法对立起来，并且声称后者是优于前者的。这里引一段这种意见的比较典型的文字：

“我认为21世纪应该是‘东化’的世纪。西方文化从文艺复兴以来，昌盛了几百年，把社会生产力提高到了空前的水平，促使人类社会进步也达到了空前的速度，光辉灿烂，远迈前古，世界人民无不蒙受其利。但它同世界上所有的文化一样，也是决不能永世长存的，迟早也会消逝的。……西方文化在今天已逐渐呈现出强弩之末的样子，大有难以为继之势了。具体表现是西方文化产生了一些威胁人类生存的弊端，其荦荦大者，就有生态平衡的破坏、酸雨横行、淡水资源匮乏、臭氧层破坏、森林砍伐、江河湖海污染、动植物种不断灭绝、新疾病出现等等，都威胁着人类的发展甚至生存。

“西方文化产生这些弊端的原因，是植根于西方的基本思维模式。因为思维模式是一切文化的基础，思维模式的不同，是不同文化体系的根本不同。简而言之，我认为，东方的思维模式是综合的，它照顾了事物的整体，有整体概念，讲普遍联系，接近唯物辩证法。用一句通俗的话来说就是，既见树木，又见森林，而不是只注意个别枝节。中国‘天人合一’的思想，印度的‘梵我一体’的思想，是典型的东方思想。而西方的思维模式则是分析的。它抓住一个东西，特别是物质的东西，分析下去，分析下去，分析到极其细微的程度。可是往往忽视了整体联系。两者的不同，十分明确。但是不能否认，世界上没有绝对纯的东西，东西方都是既有综合思维，也有分析思维。然而，从宏观上来看，这两种思维模式还是有地域区别的：东方以综合思维模式为主导，西方则是以分析思维为主导。这个区别表现在各个方面，具体来说，东方哲学中的‘天人合一’思想，就是以综合思维为基础的。西方则是征服自然，对大自然穷追猛打。表面看来，他们在一段时间内是成功的，大自然被迫满足了他们的物质生活需求，日子越过越红火，但是久而久之，却产生了以上危及人类生存的种种弊端。

这是因为，大自然虽既非人格，亦非神格，却是能惩罚、善报复的，诸弊端就是报复与惩罚的结果。

“21世纪是东方文化的世纪，东方文化将取代西方文化在世界上占统治地位，而取代不是消灭。全面一点的观点是：西方形而上学的分析已快走到尽头，而东方文化寻求综合的思维方式必将取而代之。以分析为基础的西方文化也将随之衰微，代之而起的必然是以综合为基础的东方文化。这种代之而起，是在过去几百年来西方文化所达到的水平的基础上，用东方的整体着眼和普遍联系的综合思维方式，以东方文化为主导，吸收西方文化中的精华，把人类文化的发展推向一个更高的阶段。这种‘取代’，在21世纪可见分晓。所以结论是：21世纪是东方文化的时代，这是不以人们的主观愿望为转移的客观规律。用东方‘天人合一’的思想和行动，济西方‘征服自然’之穷，就可以称之为‘东西文化互补论’。”（季羡林：《阅世新语》）

把分析和综合对立起来的思想是完全错误的。科学并不是唯分析而分析，它的目的恰恰在于综合，用罗素的话来说，分析的目的就是要达到“具有巨大演绎能力、巨大说服力和严格性的命题”。分析的结论对我们的知识有极大的综合功能，远远超过分析前的命题。科学只要发展着，就是一个通过分析达到综合能力越来越强的知识的过程。所以把西方的思维模式概括为排斥综合的分析式的思维，是以偏概全的，表明一些国内的人文学者对自然科学缺乏了解。他们表面上拥护综合，但实际上他们所说的综合并不是真正的综合——真正的综合只能建立在分析的基础上，而只是前科学的混沌的思维方式。罗素批评他的论敌乌尔逊（英国人，1915～？）道："一向总有一些人是反对分析的。他们正是那些对于每一科学上的进展都加以反对的人。如果乌尔逊先生在大家开始怀疑地、气、火、水是四元素这种信仰的时候，他会违反常识和习惯来反对关于物质所做的更适当的分析的这种科学研究。近代物理学上的进展不外是对于物质世界的精益求精的分析。最初大家认为，原子之小几乎是令人不能相信的。但是在近代物理学看来，每个原子都是像太阳系似的那么一个复杂的世界。没有一个从事科学的人会梦想到以为分析是不正当的……（但）分析不仅是一条达到了解物质的路。如果一个没有受过音乐训练的人听了一个交响乐曲，他所得到的是一个整全而笼统的印象。而作指挥的那个人呢，你从他的手势就可以知道他是听到了一个整体，他把这个整体分析成为一些部分。"充满分析精神的人和混沌不堪的人都有对事物的整体印象，但前者由于进行了分析，他的整体印象是清楚明白的，而后者只满足于混沌，所以他的整体印象是模糊而混乱的。有很多没有分析能力或没有分析兴趣的人倾向于认为，模糊而混乱的印象才是更好的智慧指南；但实际上，如果我们满足于模糊而混乱的印象，那么我们的眼光将变得狭隘和短浅，会对生活中潜在的巨大危险和巨大机会视而不见，实际上比动物好不了多少。

前面的引文中还有一个错误的观点，那就是把当今世界面临的许多问题归咎于建立在分析思维基础上的现代科学的发展。首先，这与事实不符。中国在西方科学技术传入之前一直在主体上是个农业社会，但孕育了中华民族的黄河流域的生态情况在数千年的演进中还是严重地恶化了。其次，无论是古代的环境问题，还是现代的环境问题，之所以成为一个严重的问题，并不是由于科学本身，而恰恰是由于人们对有关科学知识的缺乏或不足所导致的。最后，反科学的人士或守旧之士对科学的攻击“除了证明在采取某种新做法时应谨慎外［由于科学及其技术的后果比起前科学时期人类对自然的作用的后果要大得多，所以在科学的时期，谨慎的重要性不是减小了，而是加大了］，并不能证明别的什么”。但解决目前的问题，包括确定何种做法是谨慎的做法，归根到底还是要靠科学，而不是空喊几句“天人合一”的口号所能完事的。

罗素专访

——摘自《罗素访谈录》(1960)

魏亚特：罗素勋爵，哲学是什么？

罗素：这是一个颇有争议的问题。我想没有两个哲学家会给你相同的答案。我的看法是，哲学是对尚未确实可知的各种事物的思索。这只是我的答案，不代表其他任何人。

魏亚特：哲学与科学有什么不同？

罗素：粗略地说，科学是研究已知的事物，而哲学是探讨未知的事物。这是一个简明的定义。因此，由于认识的提高，哲学问题不断进入科学领域。

魏亚特：如此说来，某些事物一旦被确定和发现，它就不再成为哲学问题而成为科学问题吗？

罗素：不错，已往属于哲学的所有各种问题，这时已不再属于哲学。

魏亚特：哲学有什么用？

罗素：我认为哲学具有两种重要作用。一种是使人对那些尚未经得起科学认识检验的事物保持积极的思索；使人类感兴趣以及人类应感兴趣的事物很多，而科学知识毕竟只是其中的一小部分。在引起人们极大兴趣的众多事物中，至少在目前，科学所知十分可怜，我不愿使人们的想象力局限在现在知道的范围之内。我认为在假设的领域里扩展对世界丰富想象的思维，这就是哲学的一种效用。但是，我认为哲学的另一种效用之所以同样重要，是因为哲学研究表明，有一些事物，我们自以为已知，其实我们并不真知。总之，一方面，哲学使我们对将来可能知道的事物不断地进行思索；另一方面，哲学使我们谦逊地认识到，有许多知识是似是而非的。

魏亚特：关于过去曾是推测而后产生实际效果的这类问题，你能否举一些事例？

罗素：可以。这类事例在古希腊哲学中俯拾皆是。古希腊人构想出一整套后来证明是有价值的假设，但在当时不能得到验证。例如原子的假设，德谟克利特以为物质是由微小的原子组成的，两千多年后，证明这是正确的科学观点，但当时只是一种构想。再如阿里斯塔库斯，他认为地球绕着太阳转而非太阳绕着地球转，而昼夜循环是由于地球的自转。他是第一个提出这一假设的人。这个假设几乎被埋没和遗忘了，直到两千年后的哥白尼时代才重新被认识。但是，倘若没有阿里斯塔库斯的推测，那么哥白尼很可能决不会有这样的看法。

魏亚特：这种构想是由于某种直觉吗？

罗素：不是。首先想到这些假设的人不能说：“这是真理。”他们只能说：“这也许是真理。”倘若你有丰富的想象力，那么你就能够想到可能是真实的所有各种事物，这就是科学的本质。你首先想到可能是真实的某物，然后进一步考察是否如此，而通常都是不真实的。

魏亚特：但是，柏拉图不是认为德谟克利特关于原子的理论是胡说八道吗？

罗素：柏拉图被德谟克利特的理论吓坏了——认为他的所有著作应当烧掉——这是因为柏拉图不喜欢科学。他喜欢数学，但不喜欢任何科学的事物。

魏亚特：这样看来，在某种意义上说，哲学岂不成了科学的仆佣？

罗素：这话有点道理，但哲学当然不只是科学的仆佣，这是因为还存在着许多科学不能把握的事物。科学不会告诉你好和坏是什么，好坏是一种目标而非一种方法。

魏亚特：你能否谈谈以往岁月里哲学家态度的变化以及公众与哲学的关系？

罗素：这要看你关心哪一个哲学派别。在柏拉图和亚里士多德的哲学中，他们努力的主要目标是试图认识世界，我个人也持这样的看法。接下来说到斯多葛学派，他们主要强调的是道德——即人们应当不以苦乐为意，应当坚忍不拔地面对不幸——这派哲学家因而使哲学通俗化了。

魏亚特：你认为马克思是哲学家吗？

罗素：在某种意义上说，他当然是哲学家，但应注意在哲学家中有重要的区分。一些哲学家活着是为了维持现状，而另一些哲学家活着则是为了推翻现状——马克思当然属于后者。在我看来，两者都不对，因为这都不是哲学家的真正职责。我以为哲学家的职责不是改变世界，而是认识世界，这与马克思的观点正好相反。

魏亚特：那么你以为自己是哪一类哲学家呢？

罗素：我有生以来给自己的唯一头衔是逻辑原子主义者，但我并不热衷于头衔，而是避免这种称号。

魏亚特：逻辑原子主义是什么意思？

罗素：在我的观念里，这是指了解任何考察对象的本质的一种方法，即尽可能加以分析，直到再也不能进一步分析的事物为止，而这些事物就是逻辑原子。我之所以称之为逻辑原子，是因为它们不是物质的粒子。可以说，它们是事物得以成立的观念。

魏亚特：目前哲学的主要趋向是什么？

罗素：这可以区分为英语国家和欧洲大陆国家。这种不同的趋向的区分比过去更明显，非常明显。在英语国家，尤其是英国，由于要求开辟哲学的独立的领域，兴起了一门新的哲学。我刚才说过，哲学似乎只是未完成的科学，有些人不喜欢这种看法。他们要求哲学有属于它自己的领域。结果便产生了这门新哲学，在这门被称为语言哲学的哲学中，哲学家的重要工作不是解答问题，而是把问题的含意分析得非常清晰和明确。我自己并不同意这种观点。

魏亚特：你的意思是，这些哲学家只管把问题弄明白，完全不去考虑答案是什么？

罗素：是的，他们认为寻求答案是别人的事。

魏亚特：这同现在欧洲大陆的哲学有怎样的区别？

罗素：欧洲大陆哲学是更为纯正的。我已不再赞同这种哲学。但是，在某种意义上，这种哲学变得更纯了，更像古代哲学了。有源自基尔凯郭尔的各种存在主义哲学，也有专门为传统宗教辩护的种种哲学。凡此种种，就我自己来说，我并不认为它们具有任何至关重要的意义。

魏亚特：那么，你信奉的哲学对于想了解为人处世方法的人有什么实际用处呢？

罗素：许许多多人写信给我，说他们现在对他们应当怎样为人处世感到非常困惑，因为他们已放弃了传统的为人处世的准则，而他们又不知有什么其他准则可以遵循。我认为我信奉的哲学在这方面是有用的；它使人们在不能绝对肯定正确的行为时采取积极的行动。我认为对任何事物谁也不应当确信无疑。倘若你对事物确信无疑，那么你肯定错了，因为没有什么事物是可以确信无疑的。因此，一个人对他所有相信的事物应当始终保持一定的怀疑，一个人同时也应当不顾这种怀疑而采取积极的行动。但在实际生活中，一个人必须根据各种可能性采取行动，我所期望哲学做的是鼓励人们无须确信无疑而采取积极的行动。

魏亚特：你认为哲学的未来是什么样呢？

罗素：在未来，我认为哲学肯定不会像过去对古希腊人或中世纪的人那样重要。我认为科学的兴起不可避免地减低了哲学的重要性。

附　录

年谱

1872 年　5 月 18 日，生于英国蒙茅斯郡特雷莱克的贵族之家。

1890 年　入剑桥大学三一学院攻读数学和哲学。

1893~1894 年　以优异成绩通过数学和哲学的学位考试。

1894 年　任英国驻法国使馆随员。和艾利斯·皮尔索尔·史密斯结婚。

1895 年　以一篇“论几何学的基础”的论文获三一学院研究员职位（此文 1897 年出版成书）。与妻子在柏林，为《德国社会民主主义》一书搜集资料（此书 1896 年出版）。

1896 年　访问美国。在霍普金斯和布林莫尔发表演讲。

1899 年　替麦克塔加特讲授莱布尼兹哲学（次年出版《莱布尼兹哲学评述》一书）。受穆尔的影响，转向反对康德和黑格尔的哲学。

1900 年　参加在巴黎召开的第一届国际数学大会。

1901 年　发现罗素悖论。次年写信给弗雷格通报此悖论。

1903~1913 年　和怀特海合著《数学原理》一书，此前两人分别著有《数学的原理》（罗素，1903 年）和《泛代数论》（怀特海，1898 年）。前三卷于 1910~1913 年出版，计划中讨论几何学的第四卷一直未出。

1905 年　在《心》杂志上发表“论指示”，阐释他的摹状词理论。

1908 年　当选为皇家协会会员。

1910 年　在三一学院讲授数理逻辑。未获自由党议员提名。

1911 年　任亚里士多德协会主席。与艾利斯分手。

1913 年　在三一学院邪学社作题为“柏格森的哲学”的报告。

1914 年　哈佛大学访问教授，在波士顿作洛厄尔讲座的讲演，讲演内容同年以《我们关于外间世界的知识》书名出版。在牛津作斯宾塞讲座的讲演，题为“哲学中的科学方法”。

1916 年　因涉嫌干扰征兵被判罚 110 英镑。被剑桥大学解职。因官方撤销护照无法到哈佛大学讲学。

1918 年　因写作具有颠覆性质的和平主义文章，被判 6 个月刑期。在狱中写作《数理哲学导论》（1919 年出版）。在伦敦发表“逻辑原子主义”系列演讲，并发表在《一元论者》杂志上，坦承他的学生维特根斯坦对他思想的影响。

1920 年　访问苏俄，与列宁、托洛茨基、高尔基晤谈，同年出版《布尔什维主义的实践和理论》一书。

1920~1921 年　任北京大学教授。访问日本。

1921 年　与艾利斯离婚。第二次婚姻，与多拉·布莱克结婚（儿子约翰，女儿凯瑟琳，1935 年离婚）。

1922 年　工党议员候选人。次年再获提名。出版《中国问题》。

1924 年　赴美国讲学。1927 年、1929 年、1931 年又三度赴美。

1926 年　在三一学院作塔纳讲座的讲演，内容次年以《物的分析》的书名出版。

1927 年　和妻子开办儿童实验学校。在伦敦现世协会发表“我为什么不是基督徒”的演讲。

1931 年　哥哥弗兰克去世，成为第三代罗素伯爵。

1935 年　与多拉离婚。次年第三次婚姻，和帕特里夏·斯彭斯结婚（儿子康拉德，1951 年离婚）。

1938~1939 年　芝加哥大学讲师；加利福尼亚大学哲学教授。

1939~1940 年　纽约城市学院拟聘请担任教授，被起诉，校方收回聘约。

1940 年　在哈佛大学作詹姆士讲座的讲演。出版《对意义和真理的探究》一书。应巴恩斯基金会之约（为期五年）讲授西方哲学史。

1943 年　巴恩斯基金会解除聘约。罗素起诉对方违约成功，获得两万美元赔偿。1945 年出版《西方哲学史》一书。

1944 年　回到阔别六年的英国。任三一学院研究员，讲授非证明性推理。

1948 年　在挪威遭遇水上飞船失事，靠游泳生还。出版《人类的知识》。

1949 年　成为 BBC 莱斯讲座的第一个主讲者，讲座内容 1949 年以《权威和个人》的书名出版。获英国功绩勋章。

1950 年　获诺贝尔文学奖。

1951 年　在哥伦比亚大学讲演："科学对社会的影响"。

1952 年　第四次婚姻，与伊迪丝·芬奇结婚。

1955 年　发表《爱因斯坦——罗素宣言》。

1957 年　发起帕格沃什运动。次年担任核裁军运动主席。

1961 年　因涉嫌煽动非暴力反抗运动被处两个月刑期（后减为一周）。

1970 年　2 月 2 日逝世于英国蒙茅斯郡普拉斯潘林。

著作全目

（按出版先后顺序排列，方括号内是美国版书名）

1896　*German Social Democracy*《德国社会民主主义》

1897　*An Essay On The Foundation Of Geometry*《论几何学的基础》

1900　*A Critical Exposition Of The Philosophy Of Leibniz*《莱布尼兹哲学评述》

1903 *The Principles Of Mathematics*《数学的原理》

1910 *Philosophical Essays*《哲学论文选》

1912 *Problems Of Philosophy*《哲学问题》

1913 *Principia Mathematica* (*with Alfred North Whitehead*)《数学原理》

1914 *Our Knowledge Of The External World*《我们关于外间世界的知识》

1916 *Justice In Wartime*《战时正义》

Principles Of Social Reconstruction [*Why Men Fight*] 《社会重建原理》[《人为什么争斗》]

1917 *Political Ideals*《政治理想》

1918 *Mysticism And Logic*《神秘主义和逻辑》

Roads To Freedom《自由之路》

1919 *Introduction To Mathematical Philosophy*《数理哲学导论》

1920 *The Practice And Theory Of Bolshevism*《布尔什维主义的实践和理论》

1921 *The Analysis Of Mind*《心的分析》

1922 *The Problem Of China*《中国问题》

1923 *The ABC Of Atoms*《原子入门》

The Prospects Of Industrial Civilization (*with Dora Russell*)《工业文明的前景》

1924 *Icarus Or The Future Of Science*《伊卡罗斯或科学的未来》

1925 *The ABC Of Relativity*《相对论入门》

What I Believe《我的信仰》

1926 *On Education Especially In Early Childhood* [*Education And The Good Life*]《论教育特别是儿童早期教育》[《教育和美好生活》]

1927 *The Analysis Of Matter*《物的分析》

An Outline Of Philosophy [*Philosophy*]《哲学概论》[《哲学》]

Selected Papers Of Bertrand Russell《罗素论文选》

1928 *Skeptical Essays*《怀疑论文集》

1929 *Marriage And Morals*《婚姻和道德》

1930 *The Conquest Of Happiness*《征服幸福》

1931 *The Scientific Outlook*《科学观》

1932 *Education And The Social Order* [*Education And The Modern World*]《教育和社会秩序》[《教育和现代世界》]

1934 *Freedom And Organization* [*Freedom Versus Organization*]《自由和组织》[《自由与组织》]

1935 *In Praise Of Idleness*《悠闲颂》

Religion And Science《宗教和科学》

1936 *Which Way To Peace?*《哪一条道路通向和平》

1937 *The Amberley Papers* (*with Patricia Russell*)《安伯利文件》

1938 *Power*《权力》

1940 *An Inquiry Into Meaning And Truth*《对意义和真理的探究》

1945 *History Of Western Philosophy*《西方哲学史》

1948 *Human Knowledge*《人类的知识》

1949 *Authority And The Individual*《权威和个人》

1950 *Unpopular Essays*《不通俗论文集》

1951 *New Hopes For A Changing World*《变化中的世界的新希望》

The Wit And Wisdom Of Bertrand Russell (*edited by L. Denonn*)《罗素的妙语和智慧》

1952 *Dictionary Of Mind, Matter, And Morals* (*edited by L. Denonn*)《心、物和道德词典》

The Impact Of Science On Society《科学对社会的影响》

1953 *The Good Citizen's Alphabet*《好公民入门》

Satan In The Suburbs《郊外的撒旦》

1954 *Human Society In Ethics And Politics*《人类社会的伦理方面和政治方面》

Nightmares Of Eminent Persons《名人的梦魇》

1956 *Logic And Knowledge* (*edited by R. C. Marsh*)《逻辑和知识》

Portraits From Memory《记忆中的人物》

1957 *Understanding History*《理解历史》

Why I Am Not A Christian (*edited by P. Edwards*)《为什么我不是基督徒》

1958 *Bertrand Russell's Best* (*edited by R. Egner*)《罗素佳作选》

Vital Letters Of Russell, Khurshchew, And Dulles《罗素、赫鲁晓夫和杜勒斯重要信件》

1959 *Common Sense And The Nuclear Warfare*《常识和核战争》

My Philosophical Development《我的哲学发展》

Wisdom Of The West《西方的智慧》

1960 *Bertrand Russell Speaks His Mind*《罗素访谈录》

1961 *The Basic Writings Of Bertrand Russell* (*edited by R. Egner and L. Denonn*)《伯特兰·罗素基本作品集》

Fact And Fiction《事实和虚构》

Has Man A Future?《人类有前途吗?》

1962 *Unarmed Victory*《无武器的胜利》

1965 *On The Philosophy Of Science* (*edited by C. Fritz*)《论科学哲学》

1967 *War Crimes In Vietnam*《发生在越南的战争罪行》

1968 *The Art Of Philosophizing*《哲学思考的艺术》

1969 *Autobiography*《罗素自传》

Dear Bertrand Russell (*edited by B. Feinberg and R. Kasrils*)《罗素通信集》